JN043979

不滅の哲学
池田晶子

若松英輔

亜紀書房

不滅の哲学　池田晶子

目次

一　孤独な思索者　5
二　月を指す指　22
三　哲学が生まれるとき　46
四　絶句の息遣い　64
五　言葉と宇宙　88
六　常識と信仰　113
七　思い出すということ　132
八　内語の秘密　151

九　「私」とは考える精神である　171
十　夢の向こう　194
十一　言葉はそれ自体が価値である　219
あとがき　237

増補

不滅の哲学　242
増補新版　あとがき　262

一

孤独な思索者

会ったこともなければ、遠くから見かけたことすらない。生前には、どんな声かも知らなかった。ある期間、確かに同時代を生きたのだが、その言葉は、彼方の世界からやってくる、そんな感覚をぬぐいさることができなかった。それは彼女が亡くなった今でも変わらない。池田晶子の言葉、もっといえば、言葉である池田晶子は、今も語ることを止めない。

だが、「言葉」と池田晶子が書くとき、読者は注意が必要だ。それは、私たちが通常感じている言語の領域をはるかに超えている。人間の肉体が「存在」の一部分でしかないように、言語は、「言葉」の一形態でしかない。言語でもありながら、姿を定めずに私たちの前に顕《あら》われる「言葉」を、ここでは「コトバ」と書くことにする。コトバは言語でもあり得るが、ときに色であり、音であり、また芳香あるいは、かたちでもある。温かみや寄り添う感触、不可視な存在感として感じられることもあるだろう。

苦しいとき、悲しいとき、希望を見失ったとき、コトバは、魂にふれる触手のようなものとして経験される。このとき私たちは単に、ある人のいったことを思い出しているのではないだろう。コトバが自分の近くに寄り添うように感じられたことはないだろうか。すでに逝き、この世にいないはずの人が、コトバとなって共に生きている、と思われたことはないだろうか。

コトバは、魂にふれる。また、ときに、私たち自身よりも私たちの魂に近づくこともできる。コトバをめぐって、池田晶子はこう書いている。彼女は言葉と書くとき、片仮名で記したり、括弧に入れたりしない。池田にとって言葉は常に、コトバを意味していたからである。

死の床にある人、絶望の底にある人を救うことができるのは、医療ではなくて言葉である。宗教でもなくて、言葉である。

（『あたりまえなことばかり』）

コトバは生きている。あるときコトバは、眼前の他者よりもはっきりとした姿をまとって、私たちの前に顕われる。コトバのもっとも重要な働きは救済である、と彼女は感じていた。先の引用には、「共に居て、共に感じ、語り合う。語ることがなければ、語ることもなく、そんなふうにして通じ合ってゆくことが、言ってみれば『救い』というそのことなのだろう」（『あたりまえなことばかり』）との一節が続く。コトバは人を救わずにはいられない、それが、彼女の経験したコトバの本性だといってよい。

困難があり、それを単に解消することが「救い」なのではない。むしろ、避けがたい人生の経験を前にしながら、それを生き抜く道程の同伴者であることが「救い」となる。「救う」とは、寄り添うこと、共に生きることだと彼女はいう。

忘れることのできない出来事がある。二〇〇九年の夏、夕暮れごろ、妻にガンが再発して、手術のために入院していた病院でのことだった。

診療時間も終わって、院内に人影はほとんどなかった。自動販売機に飲み物を買いに行くと、そばにあるベンチに若い男性の患者が座っていた。やせ細って、眼の鋭さがきわだっている。抗ガン剤治療をしていることは、髪の毛が抜け、毛糸の帽子をかぶっていたことからすぐにわかった。すると彼が突然、話しかけてきた。「ここの先生は名医なんですか?」

不意に自分に向かって声がしたことに驚き、言葉が出なかった。少しの沈黙があって、「みなさん、そうおっしゃいます」と私は応えた。

「そうなんですか、ここに来るまで何人もの医者に診てもらって、みんなもうだめだっていうもんですから……」と、彼は細い声で続けた。そのあとに、自分が何といったかは覚えていない。「失礼します」とだけいって、妻の病室に戻った。

絶望の底にある人を救うのは言葉である、という池田の一節を思うたび、彼の姿が眼に浮かぶ。いつわりの態度を見通すような彼の視線が、なまなましくよみがえってくる。そして、あのとき、彼と正面から向き合うことを避けた自分を、何度も思い返している。何か恐るべきものを見るようなまなざしを、彼に向けたことを悔やんでいる。

あのとき私は、「言葉」が人を救うとは信じていなかった。「まなざし」も「言葉」であることを、十分に自覚していなかった。それればかりか、絶対状況にある彼を前にして突きつけられた言葉に、自分が無力であることを瞬間的に了解させられ、わずかないらだちを覚えていたかもしれない。治る人もいるだろうが、自分は治らないのではないか、と彼がいう同じ言葉が、病室に帰って妻の口から発せられるのが恐かった。口ではよくなるといい、それを信じていたのだが、治癒が容易ではないことも、知っていたからである。

だが、彼はあのとき、私に医師の力量を保証してほしかったのではないだろう。私に何をいってもらおうと願っていたのではなく、ただ、言葉を受け止めてくれることを願っていたのではなかったか。彼は、自分が生きていることを確認したかったのではないだろうか。さらにいえば、肉体が滅んだあとも生き続ける何かが、自分のなかにあることを、どうにかして確かめたかったのではないだろうか。

人が自己の存在をはっきりと感じるのは、言葉を発したときではなく、自身の言葉が他者に受け止められたときである。また、言葉は、ときに人を傷つける。発する言葉が無視されたとき、私たちが多少なりとも傷つくのは、差し出した手を振り払われたように感じるからだ。困難にあるとき、言葉の受容は抱きしめられるに等しい。抱擁に秘められた真実の意味を知るのは、抱きしめた方ではなく、抱きしめられた方である。

あの夜、彼は眠ることができただろうか。一晩中、死の恐怖におののきながら、もう打つ手がないという医師の暴力的な発言に、独り耐えていたのではないだろうか。医師は、病が肉体にとって深刻であるという医学的状況のほかは、何も知らない。医師が知っているのは現代医学の限界であって、それ以上のものではない。魂の問題は、医師の手に委ねられてはいない。

深遠なる孤独の持続のなかで、彼は何を見出したのだろう。病院で出会った彼は、あの次の日も、そのまた次の日も、同じ場所にいて、無言の問いかけを繰り返していたかもしれない。彼はあのあと、肉体が滅んでも魂はけっして死なないと、誰かがいうのを聞くことができただろうか。他者からではないとしても、彼はその真実を、内なる促しとして聞くことができただろうか。

孤独なもの思いにおいてこそ、人は世界へと開かれることができるという逆説、孤独な思索者の内なる饗宴である。

「内語」という現象にそれはきわまるだろう。

（『あたりまえなことばかり』）

人の話を真剣に聞こうと耳をすますように、自己を知ろうとする者もまた、内心の声に耳をすまさなくてはならない。何ものかにむかって叫ぶように問う声を、ひとたび鎮めなくてはならない。自己を救うコトバは、いつもその人のなかに潜んでいる。

そればかりではなく、コトバはいつも露わになっていて、見出されるのを待っている。

突然、ある出来事が人生の意味を解き明かしてくれる、そんな経験は誰にもあるだろう。そのとき、私たちが、「わかった」と過去形でいうのは、ずっと前からすでに、答えが自らの内にあったことにもまた、同時に気がつくからである。知るとはいつも、思い出すことであり、すでに知っていることの自覚にほかならない。

自己の殻をやぶって世界へ開かれるとき、人はどうしても、「沈黙」を友とし、「孤独」という道を通る。そのとき「内語」は、光を伴った道標のように感じられる。内なる声は最初、静かな、細い声として経験される。自己の内なる声、内なる語《コトバ》、それが、池田晶子のいう「内語」である。

しかし、「声」は探す人間の求めに応じて、次第にその姿をはっきりとあらわす。内語は、虚空に響くさびしい声ではない。それは次第に、「内なる饗宴」へと変じる。池田があえて「饗宴」というように、私たちはここで、さまざまな人の声を聞くことができる。親しく生きた人々ばかりではなく、古代からの叡知とつながるのも、この場所である。

「内語」は、人に見出される以前から存在する。発見することが存在のはじまりではないのは、科学の法則がそうであるのに似ている。人類が引力を発見する以前から、リンゴは木から落ちていたのである。人にとって最大の、そしてもっとも偉大な謎は、「内語」の主体、すなわち自己である。ただ、ここでの自己とは、狭隘《きょうあい》なる自我の延長ではけっしてない。

心の自己治癒も、ある意味では、やはり受動形でしかあり得ないだろう。なぜなら、不可解であることを知るということは、不可解であることを受け容れるということに他ならないからである。自分を受け容れる、自分という心を受け容れるという行為が、何か広く遥かなものへの祈りに似てくるのはこの理由によるだろう。自力と他力の接する接点、受け容れることで見透していけるようなあの境域である。

（『あたりまえなことばかり』）

自己はいつも「存在の謎」である、と繰り返し池田は書く。彼女は私たちに、その

「謎」である自己を、ひたすら受け容れることを促す。誰にとっても自己は、常に不可解であり、不可知であるのかもしれない。だが、謎は、それを解こうとする者には苦悩となるが、それを受け容れようとする者には同伴者となる。

ここで池田がいう「自力」とは、苦しみにある私たちである。それを受苦と呼ぶ。「他力」とは受苦に応える超越からの呼びかけであり、それを池田は恩寵《おんちょう》という。受苦と恩寵は分かちがたい。さらに、苦しみ自体が恩寵の存在の、もっとも確かな証しだとも池田はいう。

苦しみは恩寵であるとは、本来このような文脈にあったのではなかったか。耐え忍ぶことを強いているのではない。ひたすらな忍苦は、必ずや抑圧である。そうではなくて、苦しみ、苦しいというこの明らかな感情ですら、自分にとっては不可解な訪れなのだと知ることで、それがよってきたる遥かな方へと解き放たれてゆくといったことだ。

（『あたりまえなことばかり』）

この一節を、病院で会った彼と読んでみたい。池田の言葉を彼に伝えたいのではない。むしろ、ここに記されていることそれ自体を、彼によって教えられたことを、感謝と共に伝えたいのである。彼に出会うことがなければ、受苦と恩寵が一なるものであることを、いつ知ることができたかわからないのである。

病院で会ったとき、私の肉眼に映っていたのは、病に冒され、迫りくる死の恐怖におびえる若い男だった。だが、五感の向こうで私が感じていたのは、その不可避な宿命を生きる一人の勇敢な魂である。それを知るのに、数年の歳月が必要だった。彼がおびえていたのは、勇気がないからではない。畏れるべきものに出会ったからである。畏れるべきものとの邂逅は、人が生きる究極の目的の一つに違いない。「朝《あした》に道を聞かば夕べに死すとも可なり」という『論語』の一節は、こうした文脈で読まれるべきなのだろう。真に畏れを感じるのは、畏るべき何ものかにふれ得た者だけである。

孔子には、「道を聞く」ことが、生の究極的な目的だった。「道」とは、道理という一語があるように、世界を支える根本原理である。「道」は「聞かれる」べきものだ、と孔子はいう。ここで「聞く」とは、単に聴覚に訴える行為ではない。「聞」の文字は、もともと神の声を受け容れる者の姿を写し取ったものだった。

「道を聞く」とは、超越の啓示にふれることである。啓示の言葉はいつも、神から人に不可逆的にもたらされる。人は、それを拒むことも、言葉で応じることもできない。啓示はいつも、生きることによって、それが証しされ、具現化されることを求める。また、どんなかたちをとるにせよ、啓示はいつも恩寵である。人はそれを作り出すことができない。恩寵は誰にも区別なくもたらされる。さらにいえば、それはすでにもたらされている。問題は、人間がそれに気がつくか否かにある。

聖人とは「道そのものと化した人」だと池田はいう。「聖の原理は、聖人と呼ぶにふさわしい実在の『人間』」となって世に顕われる、とも書いている。また、彼女は「道を究めた聖人たちの多くが、自らは書かず語るのみだった」（『新・考えるヒント』）ことに注目する。

「道」は、言葉によって記し尽くすことはできない。「語る」ことによってしか伝わり得ない。ここで「語る」とは、生きることである。生そのものを以《もっ》て、生の意味を物語ることである。

言葉は、コトバとなって人間の魂に息づいていく。孔子は語る。しかし、時代はそれを受け入れない。同時代のほとんどの人々は、まったく別なところに「道」を探したのだった。彼の後に続いたのは少数の弟子たちだけだった。孔子は生涯、弟子たちと放浪の日々を送らねばならなかった。彼の言葉に「道」への道標を発見したのは、後世の人々である。

次に引くのは、池田晶子の最晩年の言葉である。人間を究極的に救うのが「言葉」にほかならないといっても、人々は容易に信じない。言葉は「『しょせん』言葉にすぎないと、そう甘く見ている」。だが、明日、自分が確実に死ぬ、それがわかったときどうするか、と問いかけながら、彼女は次のように書いた。

あなたは、必ず、「言葉」を求めるはずです。生死すなわち人生の真実を語る言葉、正しい考えを語る正しい言葉を、必ず求めるはずなのです。そうしてそれを古今の哲学書、宗教書、聖書や教典の中に探し出そうとするでしょう。あるいは、誰でも誰か知っていそうな人に尋ね、聞き出そうとするでしょう。苦難や危機に際して人が本当に必要とするものは、必ず言葉であって、金や物ではあり得ない。

（『暮らしの哲学』）

朝に「道」を聞くことができれば、その日が最後の日となってもかまわない、という自覚が生まれるとき、書物に刻まれた言葉は、コトバに変じる。他者から発せられる何気ない言葉に、コトバの片鱗を見ることもあるだろう。それはいかなる対価をもってしても手に入れることはできない。

先の一節に続けて彼女は、そんなことをいっても、やはり日々の生活の方が大切で、明日が最後の日だとする、そんな極端な論議は無意味だという声が聞こえてきそうだ、と述べている。

二〇一一年の大震災で、はっきりと見た通り、明日私たちが生きていることよりも、誰も明日を約束されてはいないことの方が、よほど確実である。疑いなき明日の到来の根拠となっているのは、はかない経験に基づく予測でしかない。だが、真実はいつも受け容れられがたい。人は、明日があるから生きるのではない。「道」を聞かねばならないから生きるのである。

生涯を賭けてでも「言葉」に出会わなくてはならないのは、自らが救われるためだけではない。自らが「救い」という、大きなうねりの一部になるためである。個で世界を救うことはできない。しかし、世を救うものに連なることはできる。個は世界ではないが、個はいつも世界のかけがえのない一部である。個が、個に真摯に向き合うとき、その時空は二者間に開かれているだけではなく、同時に世界につながっている。

「言葉」は、どんな人にも寄り添って生きている。だが、その「言葉」は必ずしも書物に書いてあるとは限らない。ふとしたときに出会う場合もある。人との出会いに似て、「言葉」との邂逅《かいこう》はいつも、私たちを自分という枠から解き放ってくれる。

深刻な病を経験し、手術後、社会との交わりを制限するようになった、ある女性から聞いた話である。彼女がふさぎがちになったのは、体力に自信がないということもあったが、本当の理由が別なところにあることは、彼女自身にも分かっていた。存在の重みを見失っていたのである。

仕事で海外へ行ったある朝、彼女が街並みを見ながら散歩をしていたときだった。ビルの二階あたりの窓を外側からふいている男性が、彼女にむかって「グッド・モーニング」と笑顔で挨拶をした。驚きながら、彼女も挨拶を返す。

あのときほど、心に沁みる言葉に出会ったことはないと、彼女はその経験の不思議さを噛みしめるように話してくれた。その語り方は最晩年に至っても変わらなかった。男性はただ、眼下を通り過ぎる外国人に挨拶をしただけである。彼はそのときのことなど、覚えてさえいないだろう。だが、その「言葉」は、「絶望の底にある人を救」ったのである。

この話をしてくれたとき彼女は、あのとき自分は確かに、常ならぬ何者かに出会った、とさえいいたげだった。彼女は生涯、窓ふきをする男の笑顔とその声を忘れることはなかっただろうが、私もまた、この話をしてくれたときの彼女の姿を忘れることができない。

誰もが、自分を支えている「言葉」を内に秘めている。ただ、その全貌を他者に伝えることはできない。なぜなら、その「言葉」は、その人間の魂という土壌に根付いた花だからだ。「言葉」はいつも、それが発せられた「時」と分かちがたく結びついている。花の本当の姿を誰かに見せようと思えば、私たちは土のみならず、空までも運ばなくてはならないだろう。

「言葉」を完全に写し取ることは不可能である。だが、その出来事があったことを、世に刻むことはできる。そのもっとも原始的な、しかし、完全な実践が発語である。美しい花にふれ、美しいと「言葉」にする。それだけで、人は「言葉」と分かちがたく結ばれる。それを他者に向かってする。うまく伝える必要など、どこにもない。ただ、あったことを口にすればよいのである。

既に空が青くそこに在り、また、そうとして知っていたならば、再びそれを自身につぶやく必要はない。それではそのつぶやきは、一体誰に向けられたものなのか。私が私につぶやくのではない。私がつぶやきによぎられるのだ。つぶやきは「絶対」の自己確認であり、無私の私がその場所となる。

（『事象そのものへ！』）

人を根柢《こんてい》から生かすコトバは存在する。それは他者と容易に分かち合うことができないが、たしかに存在する。固有の経験だからといって、それが普遍的ではないということにはならない。むしろ、真実のコトバは究極的にいつも、個的な存在である。優れた詩、絵画、音楽、彫刻、それはどれも、芸術家の個的な「つぶやき」の経験から出発している。彼らの作品が普遍性を獲得し得たのは、個を多のなかに埋没させたからではない。真実は個に顕われることを、どこまでも信じ貫いたからである。

だが、実相は逆かもしれない。「言葉」が人間に迫り来るとき、その促しに耐えきれず、人は思わず「美しい」と口にするのかもしれない。そのときだまって絵筆を執る者は画家になり、木に彫り込む者は彫刻家になる。言葉は、信頼を寄せる者には友となり、それを愛する者には不可視な同伴者となる。

二

月を指す指

なぜだろう。池田晶子を思うと、中世ルネサンス期イタリアの修道者であり哲学者でもあったジョルダーノ・ブルーノのおもかげが浮かんでくる。ブルーノはキリスト教徒だったが、宇宙の無限と輪廻転生の可能性を説いた。その思想は、現代科学のパラダイムを先取りしていて、神学的には、カトリシズムの絶対性を否むものだった。天動説を説き、地球がまるいことを知らない、諸宗教の存在を認めない教会は、彼を異端であると断じる。過激な論説のために、修道院を脱走しなくてはならなかった彼は、数年に及ぶ逃亡生活のあと、保護者を買って出た貴族のもとに身を寄せるが、その人物の裏切りのために捕まり、街の真ん中で火刑に処せられた。

これから肉体が燃やされるというとき、ブルーノは死刑を決めた教会の人々にこういった。真理を前におののいているのはお前たちではないのか。この身を滅ぼしたとしても、真理は一向に顕現することを止めない、というのである。「月を指す指は月ではない」と、池田晶子は、小林秀雄論『新・考えるヒント』に書いている。当たり前なことをいうなというかもしれない。だが、およそ現代は、「指」を「月」だと思っている。哲学だけではなく文学、あるいは神学においても、芸術においてすら、「指」を説明する言葉にあふれている。あまりに饒舌な語りは、話し手が実は「月」を知らないことを、かえって明らかに示しているようにも感じられる。「月」は実在であり、「指」はそれに向き合う人間である。月はときに「神」と呼ばれ、「指」はそれを懸命に語る者となる。

「月を指す指は月ではない」との一節に、池田はこう続けている。「学者はすぐにそれを忘れるか、最初からそれをわかっていない」。

ここでの「学者」とは、真摯に学問に向き合う知の探究者を意味していない。彼女の、真の学者に対する敬愛は深い。白川静が亡くなったときに書いた「学者の魂」という一文は、池田の学者と学問への畏敬を鮮明に物語っている。「私はいつも逆風の中にあり、逆風の中で羽ばたき続けてきたようである」との白川の言葉を受け、池田はこう続けた。

評価されず、黙殺され、しかし一貫して変わらなかった学究への情熱、その信念とは何か。嬉しいではないか、これこそが自身としての伝統への深い信頼なのである。知ることに命を賭けてきた精神たちの歴史としての学問、我こそがそれに参与しているという確信と自負である。覚悟としての学問である個に徹するほど普遍に通じるという人間の逆説がここにある。

（『人間自身』）

学問は、個によって探究される普遍への道である、と池田は信じた。彼女が批判する手をゆるめないのは、「知識人」と自任してはばからない発言者たちに対してである。池田の処女著作『事象そのものへ！』の冒頭にあるのは、「哲学への開放『知識人』批判から」と題する一文である。その冒頭に彼女は、次のように記している。

「知識人」と自分の名刺に刷る人はいないのに、なぜ、このことばはいつまでも死語にならないのだろう。〔中略〕このことばを捨てられない心性が、誰かのどこかに潜み続けているのだろうか。誰の、どこに？　それは他ならぬ「知識人」たちの自意識のなかにではないだろうか。

多く知ることが、事象を理解することだと「知識人」は思っている。また、多くの人に多くの情報を伝えることを、責務だと感じている。彼らにとって知は、どこまでも横に広がるが、垂直線を描くように飛翔したり、掘り下げられることは稀である。また、彼らの知が、彼方の世界を志向することは皆無に等しい。「知識人」は、けっして「月」を語らない。彼ら自身が「指」である。「月」は動かず、姿を変じない。「知識人」は月替わりで新しいことを教えてくれる。彼らが語るのは「月」自体ではなく、いつも「月」の情報である。さらに、しばしば「月」を、「指」である自分に注目を集める道具にする。

「月」は、かならずしも事物のかたちをして私たちの前に現われるとはかぎらない。それは言葉や物語、あるいは一つの場面である場合もある。あるときは記憶として感じられることもあるだろう。「月」は、万人の内に存在している。そこから美も正義も叡知も勇気も、そのときどきに応じて私たちを守護するために現われるのである。

哲学とは、人を「月」へと導く道にほかならない。「月」を見る眼、それを私たちはしばしば魂と呼ぶ。

誰しも、一度は「美しい」と感じたことがあるだろう。何であれ、言葉を失う美の経験は、誰にもあるはずである。そんな経験などない、という人がいるかもしれない。だが、見落としているのは美ではなく、経験に秘められた意味である。

美は、世に語られているような姿をしていない。美は、教科書に記されているようなものでは、けっしてない。美ならざるものを前にしたとき、私たちが感じる痛切な違和感、それを根柢から支えているのが美である。醜悪なるものを前にして、それに抗う精神の動きを感じる。それが美である。悪を目にするとき、それに抗する声が内心に湧き上がる。それが善であるのに似ている。美は、醜の対義語ではない。美がなければ、醜いものなどない。美はいつも、醜を包み込む。善は、悪の対義語ではない。善の実在する力は、はるかに悪を凌駕《りょうが》する。

「月を指す指は月ではない」、この命題に池田がはじめて出会ったのは、『新・考えるヒント』の執筆中ではない。その七年前、一九九七年十月二十八日の彼女の思索日記に――この日記は、のちに『リマーク1997-2007』として公刊される――、そのままの言葉が記されている。

月を指す指は月ではない
なんでこんなので納得できるのか

月も問う
指も問う
問い自体が問いの在ることを問うのである

何感覚
存在の動因

これらの言葉を解釈することを止めて、しばらく一枚の絵だと思って眺めてみよう。ただ、感じる。言葉が動き出すのを感じるまでじっと見つめる。そのとき、私たちは、言葉がコトバへ還ろうとする瞬間に立ち合うことになる。

「指」は「月」ではない。「指」は「月」と一体になることはできない。しかし、「指」が真に問い、「月」の「問い」に呼応するとき、「存在」それ自体が動き始める。問いこそが、「存在」の地平を切り開く「動因」となる。

もう一つ、「眺めて」みよう。「眺む」とは、中世においては次元移動する営みを意味した。「ながむれば我が心さへはてもなく、行《ゆく》へも知らぬ月の影かな」「帰る雁過ぎぬる空に雲消えていかに詠《なが》めん春の行くかた」という式子内親王の和歌を二首引き、井筒俊彦は「眺め」にふれ、こう書いている。「月は照り、雲は流れ、飛ぶ雁が視界をかすめる。だが、この詩人の意識はそれらの事物に鋭く焦点を合わせていない。それらは遠い彼方に、限りなく遠いところにながめられている」(『意識と本質』)。新古今和歌集の時代、「『眺め』の意識とは、むしろ事物の『本質』的規定性を朦朧化して、そこに現成する茫漠たる情趣空間のなかに存在の深みを感得しようとする意識主体的態度」だった、と井筒はいうのである。

室町時代という、現世の無常と信仰の永遠とを聊《いささ》かも疑わなかったあの健全な時代を、史家は乱世と呼んで安心している。

それは少しも遠い時代ではない。何故なら僕は殆《ほとん》どそれを信じているから。そして又、僕は、無要な諸観念の跳梁《ちょうりょう》しないそういう時代に、世阿弥が美というものをどういう風に考えたかを思い、其処に何んの疑わしいものがない事を確かめた。「物数を極めて、工夫を尽して後、花の失《う》せぬところをば知るべし」。美しい「花」がある、「花」の美しさという様なものはない。

（小林秀雄「当麻」）

文字の差異は別に、同質の律動を感じないだろうか。言葉が言語の世界を打ち破り、色と音、あるいは気配までも招きいれながら、読者に迫ってくる。

惚れたのだから仕方がない、理屈抜きである、と小林への思いを池田は、一度ならず書いている。近代の哲学はヘーゲルにきわまると彼女はいい、このナポレオンと同時代のドイツ人哲学者にも讃辞を惜しまなかったが、小林への畏敬と情愛は、ヘーゲルへのそれよりいっそう深いところから湧き上がっているように感じられる。『新・考えるヒント』という書名からも、畏敬の深さはうかがえる。『考えるヒント』は、小林秀雄の著作のなかで、もっとも多くの読者の手にわたった作品である。池田は生前の小林に会ったことはない。だが、彼女は「生ける死者」となった小林に、何度も「手紙」を書く。以下に引くのも、『新・考えるヒント』に収められた「小林秀雄への手紙」にある一節である。そこで彼女は、タイトルばかりか文体まで拝借した、と書き、次のように続けた。「私は、あなただ」、というところから語られたこの作品は、池田晶子の主著と呼ぶべきものの一つである。

拝借はしましたが、真似ているという感じはなかった。真似るというからには、自他の区別があるものでしょうが、私には、そんな感じはほとんどなかった。私は、あなただ。あなたが見て、あなたが感じ、あなたが考えようとしていることが、私にはわかる。おっしゃる通り、精神は無私だからです。

彼女の願いは、小林秀雄を「見る」ことではない。小林が立った地平に、自らもまた、立つことだった。その場に立つことによって、池田のいう「精神としてのあなた」となることだった。先に、小林への池田の思いを「情愛」と書いたが、この一語は、池田晶子という魂の姿を感じるとき、存在の深みから力強くよみがえってくる。

池田は「愛」という言葉にいつも懐疑的だった。現代ではすでに、この言葉が元来有していた意味を表わしていないというのである。彼女は「愛」に冷淡だったのではない。むしろ、鋭敏だったのである。

晩年の作品『本居宣長』で、小林秀雄は「情」に「ココロ」とルビをふる。日本人の精神性において「愛」は、いつも「情」と結びつく。「愛」は「情」と一つになったとき、はじめて人を存在の深みから支える何ものかになる。池田が小林から継承した最大の、そして不朽の精神性は「情愛」である。文学と形而上学を融点に生まれるのが「詩学」であるとすれば、この池田晶子の営みは「情愛」の詩学だといってよい。

どんなかたちであれ情愛は、いつも言語の彼方で生きている。言語化され、語り尽くされることを拒む。私たちが池田の小林秀雄論に見るべきことも、なぜ、池田晶子が小林秀雄を畏敬したかであって、どのように彼女が、小林を愛したかではない。状況を問うだけの者にとって情愛は、いつも他人事《ひとごと》であるに過ぎない。私たちが眼を離してはならないのは、小林を思う池田晶子の内的必然である。彼女が、「邂逅」という避けがたい運命の出来事に向き合う姿である。

なぜ、と私たちが問うとき、私たちもやはり、彼らにひとたび情愛をもって接しなくてはならない。情愛を媒介にしなくては、どうしても見えてこない次元がある。愛する者を、近くに感じたいと願うなら、その者ではなく、その魂にふれる何ものかに、自分もまた、ふれなくてはならない。もし、そうした出来事が起こるとき、愛する者がこの世に生きているか、あるいは別の世界で「生きて」いる死者かは関係がない。邂逅は時間の世界では起こらない。それはいつも「時」の次元で生起する。時間は過去となる。だが、「時」は過ぎゆかない。それは生者によって呼び覚まされることで、いつも「今」によみがえる。生者間で起こったときでも、そこに立ち合う者はともに、けっして古びることのない時空が存在することを知る。

その境域は万人に開かれている。読む、書く、聴く、あるいは感じることによってコトバにふれる。そのとき私たちは、「時」の世界へと誘われる。次の一節での「彼」はヘーゲルで、そこで彼女は、自分が哲学に目覚めたときのことを語った。

私は、若年の頃、彼の主著『大論理学』を読んで、この人間の見たところを見たと思った。これも一種の確信と言っていいだろう。いかなる新説新解釈でもなく、いわんや訓詁学ではあり得ず、ただ一瞬にしてすべてがわかったと言うしかないこの経験は、ヘーゲルとか池田とかの固有名が弁名にすぎないような、思惟それ自身の自覚の経験であっただろう。私は自身の経験を、微塵も疑わなかった。強く信じた。そして、端的にそれは喜びの経験でもあった。

（『新・考えるヒント』）

ここでもっとも重要なのは、この「事件」ともいうべき異界からの招きを、彼女が解釈する前に、「微塵も疑わ」ず、「強く信じた」ことである。「信じる」営みは、いつも、単に理解することでは到達できない、もう一つの世界を切り開く。

いつからか、信じることは、理性の働きを抑圧することを意味するようになってしまった。信じることは、理性の働きを阻害しない。むしろ、それを補い、充たす。理性の絶対性を説きながらも、人は、信じることでしか見えてこない世界の存在を、どこかで強く感じている。むしろ、理性の優位をいう者の方が、理性の存在を信じていることを忘れている。

真実の意味で「信じる」とは、知ることを拒絶しない。それは「知る」ことを包み込む。むしろ、言葉本来の意味における「知る」ことが、「信じる」ことへと変貌する。だんだん理解するのではない。ある瞬間に扉が開かれるように理解される。知識の量を増やしても理解は深まらない。それればかりか遠ざかる。質が深まるとき、出会いが訪れるように「理解が成立」する。出来事は例外なく、瞬間的であり、また、永遠に根差している。池田は、自身の経験を語ろうとして、「理解の成立するその瞬間は、量的累積ではなく、一挙に開ける質的飛躍である」という埴谷雄高の言葉を引く。

「一挙に開ける質的飛躍である」とは、真に「分かる」ことである。「分かる」とは、大いなる存在から何ものかが「分かたれる」ことを指す。したがって、「分からない」とは、分からないことが、「分かたれる」経験を意味している。

分かる、分からない、の差異を考えるとき、思い浮かぶのが書である。「南無阿弥陀仏」と書かれた一幅の書がある。この文字を読める人には、何が書いてあるか分かる。しかし、それを知らない人には、この書はまるで違ったものとして認識される。「南無阿弥陀仏」の語意が分かる者は、この名号《みょうごう》の歴史を考え始めるかもしれない。だが、それを知らない者は、「南無阿弥陀仏」は文字ではなく、文様、あるいは図像として認識する。ある者はそこに、美を経験するだろう。ある者は真理への通路を感じるかもしれない。また、文字が浮かび上がらせている余白の美しさに打たれているかもしれないのである。

「分からない」という経験は、分かるという過程を通じては認識することのできない世界があることを教えてくれる。そればかりか、「分からない」ということが、むしろ、そこに書かれた言葉と離れたところで、何を分かっているのかを反証してくれてもいる。

「『説明』というこの文章の調子が私は大嫌いで、野暮の極致だとかねがね思っている」といい、池田は、「分からない」ことの実相を、小林にむかって語り始める。

文章が説明的になったら負けと言っていいでしょう。なぜって、語ろうとしているところのものが、そもわからないことなのだから。わからないことをわかったことのように説明することはできない。わからないというまさにそのことが、その言葉であるのでなければ、そんなものはウソッパチでしょう。

（『新・考えるヒント』）

「わからないというまさにそのことが、その言葉である」なら、それにふれる者は、その言葉、その経験を通じてしか感じることのできない何かがあることを知る。

「分かる」とは、存在が、私たちにむかって世界を「分かつ」現象である。それは人間にとっては、何かを獲得することではなく、むしろ受けとることになる。哲学とは、事象を説明することではなく、「分かたれた」コトバにふれる契機を準備することである。

知るとは、すべて想い出すことである、と哲学の祖プラトンはいった。「分かる」こともまた、想い出すことである。「分からない」とは、意図したことを想い出せない状態であって、その対象の不在を意味しない。やっと、あの人の本当の気持ちが分かったと、感謝の気持ちに包まれたことは誰にもあるはずである。分かった「あの人の気持ち」は、分かられる以前から存在している。ただ、明確な姿を与えられていないだけである。

先に引いたヘーゲルの『大論理学』をめぐる池田の一節に、「弁名」という聞きなれない言葉があった。「一瞬にしてすべてがわかったと言うしかないこの経験は、ヘーゲルとか池田とかの固有名が弁名にすぎないような、思惟それ自身の自覚の経験であった」と池田はいう。「分かる」経験に包まれるとき、人間は固有名という「弁名」を突破する、というのである。

「弁名」とは、江戸時代の儒学者荻生《おぎゅう》徂徠《そらい》の著作の名前である。徂徠は、ものの

「名」を究極的に「弁ずる」ことができれば、それの本来の姿が顕われる、と考えた。徂徠はその著作で、仁義礼智など儒学の根本命題を、言葉の起源にさかのぼるように論じていく。それは、個々の言葉の固有の意味を探る営みであるとともに、固有を突き抜け普遍へ至ろうとする試みでもあった。

「自分」という言葉は、個々の人間に付された名前が「弁名」に過ぎないことを示す。人は、個々の名前の彼方で皆、「自分」としてつながっている。「自分」とは、文字通り、何ものかから「自ら」「分かたれている」存在である。このことに池田は注意を促す。自分を究めるとは、単に自己を知ることではなく、むしろ、自分を包含する何ものか、いわば存在の源流にふれることになる。「私を見ないで、『考え』を見て下さい」（『睥睨するヘーゲル』）と冗談交じりで書いているが、彼女は本気だった。人々は、池田晶子が何をいったかに注目するばかりで、「考え」が池田晶子をどう用いたかを顧みない。彼女は、「自分の思想」などというものがないことを知っていた。ここでの「私」とは、一時の事象、仮の「弁名」に過ぎない。

「精神であるあなた」、と小林にむかって語りかけたように、池田は、埴谷雄高にふれても、「極言すれば私は、彼が見ているもの彼が指さしてみせるその先にあるもの、にこそ強く魅入られているのであって、彼自身は誰であっても全然構わないと思っている」と記している。次の一節は、形のうえでは彼女の処女作といってよい作品、「最後からひとりめの読者による『埴谷雄高』論」の冒頭にある文章である。書くとは、無私の探究だとする、彼女の宣言だといってよい。

或る作家を理解するために、その作品のみによるのでなくて、生活の事柄の側から入ってゆく方法は、基本的に間違っていると私は思っている。伝記的な興味は、あったとしても別のことで、敢えて「考え」を問題として取り上げようとするなら、最後まで「考え」だけを扱う姿勢に徹するべきだ。だからこそ、彼が誰であっても構わないと、健全にも言い切ることができるのだ。

（『オン！』）

作家とは言葉を託された者の謂《い》いに過ぎず、語る主体が、あくまでも「言葉」であるなら、どうして「言葉」から目をそらして、作家の生活という噂話に没頭するのか。作家が心血をそそいだ作品に「言葉」を見出すことをやめて、没後に公刊される日記や書簡のなかに作家の実像と称される虚像を探そうとするのか、と池田はいう。

彼女にとって、「読む」とは、「考え」を、あるいは「精神」の軌跡を、魂において見取ることだった。

「考え」は、それが真実性を増すほどに無名性を深めていく。「私」から離れ、普遍へと向かってゆく。また、その瞬間、物質であるはずの書物が、別世界へとつながる窓になる。

「自伝ふう哲学入門」である「わたくし、つまりNobody」と題する一文を彼女が書いたのは一九九二年、処女作『事象そのものへ！』が出た翌年である。その冒頭、彼女は自身にとっての「哲学」にふれ、こう書いている。

哲学が、あらためて入門を要するような特別な何かだとは思ったことがない。むしろ、それは、生きていることこそが、非凡な経験だと気づく瞬間のことだと思っている。

（『私とは何か』）

「分かる」という出来事は、いつも突然起こる瞬間的な出来事である。未来が開けたと、私たちが何気なく口ずさむように、「分かる」ことはときに、「開け」の認識として経験される。「開け」とは、私たちが、あるいはこの世界が、永遠に招かれている状態である。生きるとは、「開け」との邂逅にむけた持続的な営みであり、哲学とは、その道程におこる「気づき」の連鎖である。

哲学を経験するために、私たちは学校で「哲学」を学ぶ必要はない。哲学は、誰にもすでに、また常に訪れている不断の現象である。哲学者の文章を読むとは、その人物に経験された「気づき」の事実を、時空を超えて目撃することである。そのとき私たちにとってもっとも重要なのは、その哲学者がどう生きたかではない。彼にいかなるコトバが託されたか、である。私たちが「読む」べきは、どこまでも哲学者を通過するコトバなのである。

「精神のリレー」という表現を池田は好んだ。池田は小林から、真実の意味において「読む」ことを継承した。次に引くのは小林秀雄の「西行」の一節である。この言葉を、池田晶子は読んでいる。「月」は、西行が好んで歌った歌材の一つである。

「ともすれば月澄む空にあくがるる心のはてを知るよしもがな」と西行は詠む。輝く月、澄む空に、抗うこともできないほどに惹きつけられる。月よ、空よ、いったい私をどこへ連れて行こうというのか、と西行は歌う。次の一節を、池田が読む姿を思い浮かべながら、読者もまた、読んでいただきたい。

西行は何故《なぜ》出家したか、幸いその原因については、大いに研究の余地があるらしく、西行研究家達は多忙なのであるが、僕には、興味のない事だ。凡《およ》そ詩人を解するには、その努めて現そうとしたところを極めるがよろしく、努めて忘れようとし隠そうとしたところを詮索《せんさく》したとて、何が得られるものではない。保延《ほうえん》六年に、原因不明の出家をし、行方不明の歌をひねった幾十幾百の人々の数のなかに西行も埋めて置こう。彼が忘れようとしたところを彼とともに素直に忘れよう。僕等は厭《いや》でも、月並みな原因から非凡な結果を生み得た詩人の生得の力に想《おも》いを致すであろう。

（小林秀雄「西行」）

詩人が自ら「隠そうとしたところ」を探して、いったい何を見つけようとするのか、と小林は、証拠となる文献を渉猟するのに忙しい研究者にむかって問いかける。研究者たちは、西行の出家をめぐる「事実」を突きとめようとして、さまざまな書物をあたり、物証を積み上げ、西行の軌跡を再構築しようとする。だが、そこにいつも忘れられているのは西行の歌である、とも小林はいう。

出家の理由など本人とて知り得ようはずもなく、何が自分を異界へと引き込んだのか、それを見極めることが西行の願いだった。彼に残されていたのは、自らを吹き抜ける風に随《したが》うことだけだった。「如何《いか》にして歌を作ろうかという悩みに身も細る想《おも》いをしていた平安末期の歌壇に、如何にして己れを知ろうかという殆《ほとん》ど歌にもならぬ悩みを提げて西行は登場したのである」と小林はいう。自己を知り得ない人間に、「自分の思想」などあり得ようはずがない。

方法論の定まった「研究」あるいは「論証」をいくら繰り返してみても、西行という詩人の秘密は見つからない。武士として生まれ、歌に憑かれて法師となって、世をさまよい、世を見つめ、ある日、世は、彼に胸を開いた。そのありさまを彼は歌にした。私たちが目を離してはならないのは、年譜的な事実ではなく、歌人の姿が言葉の奥に消えゆく瞬間である。

同じことは、もちろん、池田晶子にもいえる。彼女の言葉を前に、私たちが見過ごしてはならないのは、彼女の日常ではない。言葉に導かれながら、日常の彼方へと進む彼女の足取りである。「時」が、彼女を通じて世界に介入する瞬間なのである。

「彼は巧みに詠もうとは少しも思っていまいし、誰に読んでもらおうとさえ思ってはいまい。『わが心』を持て余した人の何か執拗な感じのする自虐《じぎゃく》とでも言うべきものがよく解る」と、小林秀雄は「西行」に書いている。西行は、自分の思いを世に刻むために歌を詠んだのではない。万葉以来の和歌集に数多く見られる、「よみびとしらず」の歌のように、歌の中に固有名が消えることを願ったのである。現代は、それらの歌を真に味わう前に、それらの歌を誰が、いつ、どこで詠んだかを突き止めようとする。

池田の言葉を、「誰に読んでもらおうとさえ思ってはいまい」と和歌を歌う西行を描き出した小林の一節に重ね合わせてみる。そこでは、西行、小林あるいは池田という固有名は消え去って、ただ書くために存在するという宿命を背負った、三つの魂の来歴を見る思いがする。

年齢のせいというよりも、一人称の謎を、謎としてはっきり見究めてから、これもおかしな言い方ですが、「私の無私」の扱い方に習熟してきたようなのです。たとえば、対象をうんと傍まで招き寄せておいて勝手に動きまわるにまかせ、頃合いを見てそうっと乗り移り、対象自身の流れに乗ってずっと先まで行ってみるといったような。思わず遠くまで行けて、なるほどと思うほどよく見えることがあります。だからどうというわけではありませんが。客観も宇宙も様々なる人生も、みんなおんなじ夢まぼろしです。私は、もうずっと余生を生きているような気がしています。

急ぎすぎました。私には結論しか言わないという悪い癖があります。

（「小林秀雄への手紙」『メタフィジカル・パンチ』所収）

これが、池田晶子の対話する現場である。「客観も宇宙も様々なる人生も、みんなおんなじ夢まぼろしです」と書く彼女は、この世は仮の姿に過ぎず、生きるに値しないというのではない。むしろ逆で、「夢まぼろし」にふれるたび、その奥にある確固とした実在を感じずにはいられないというのである。

対話の「対象」は、「夢まぼろし」の枠を突き破って彼女の前にやってくる。「対象」は、ときにヘーゲル、プラトン、ソクラテス、あるいは西田幾多郎、小林秀雄のときもある。哲学史上の人々だけでなく、読者である場合も少なくなかった。『リマーク1997-2007』に記されているように、異界の住人の場合もある。「対象をうんと傍まで招き寄せておいて勝手に動きまわるにまかせ、頃合いを見てそうっと乗り移り、対象自身の流れに乗ってずっと先まで行ってみる」、このとき、これらの他者はいずれも、物理的な存在として彼女の前に顕現するのではない。彼らはいつもコトバとして臨在する。

彼女にとって「哲学」とは、「学問」が生まれる以前の時空に人々を導く道標だった。「哲学の道」に入ったきっかけをあえて語ろうとするなら、「ほとんど人生の原記憶のような仄暗《ほのぐら》い感触にまで遡る」（『私とは何か』）と彼女は書いている。

三

哲学が生まれるとき

「十代、二十代の半ば頃まで、私は『疲れる』ということを、これは本当に知らなかった。若いということだけではなくて、なんだかやたらに丈夫だったのである」（『あたりまえなことばかり』）と池田は、晩年といってよい時期に書いている。これは彼女の肉声を伝えているが、それに続く言葉は、さらに興味深い。丈夫だっただけでなく「飛んでゆけた」、と彼女はいう。

じじつ、飛んでゆけたのである。これは誰にも言ってないのだが、処女作『事象そのものへ！』の第一章「論理篇」、あれは、走っている最中に全構想が閃《ひらめ》いたものである。閃いて、押し寄せてきて、そのまま家に飛んで帰ると、着換えるのももどかしく、トレパン姿のまま一気に書下ろしたものである。

ここで、走る池田晶子の姿を思い浮かべてみるのもよいが、それゆえ、彼女にとって哲学が、躍動する営みとして感じられていたことを見逃すようなことがあってはならない。

文中にあった処女作の第一章「論理篇」の題名は「存在の律動」である。この作品は、原稿用紙四十枚ほどで、発表されたのは、雑誌『文藝』だった。この一文の終わりに、池田は次のように書いている。その一文は、哲学者池田晶子の登場を告げるものとなった。確かに彼女はこの作品の最後に、「ミネルヴァの梟《ふくろう》」となって「飛んだ」。ミネルヴァは、ギリシア神話に登場する詩の女神の名前で、梟は彼女の使者だった。

ミネルヴァの梟は迫りくる黄昏とともに飛び立ったが、しかし永遠に闇夜を飛び続け、暁の憩いを迎えることはないだろう。未だ知られ得ざるもの。例えば、内的発語の不思議。誰が誰に語っているのか。ことばはどこから紡ぎ出され、どこへと向かい、また何故その必要があるのか。あるいはまた、表象される映像群。それらはどこに見え、また何故その当の意味を担っているといえるのか。記憶の切実さは何によってそうなのか。そして——夢。ことばであったり、なかったり。見知らぬひと見知らぬところ、知られすぎている自身の気配のなかで。「物質」を超えて、塊状の「意味」が飛来する。

（『事象そのものへ！』）

この一節には、「哲学の巫女」であることを自覚した池田自身の告白が刻まれている。「ミネルヴァの梟」は、哲学を象徴しているとされている。誤りではない。しかし、哲学は、人間に宿ることがなければ、不可視な想念のままである。それがこの世界に降りてくるには、人間に受肉されなくてはならない。池田晶子こそ「ミネルヴァの梟」にほかならない。

時代の闇を切り裂くように、「ミネルヴァの梟」は飛び立つ、そう書いたのはヘーゲルである。彼は『法の哲学』の序文で、「ミネルヴァの梟」の飛翔を描き、時代の混迷を切り開く哲学の使命を宣言したのだった。もちろん、池田はそれを踏まえて書いている。「誤解を恐れずに言うなら、それは、哲学者は詩人たり得るか、という問題であった」と、小林秀雄はベルクソンを論じながらいったが、この時期の池田を思うと、この一節が思い出される。

梟がミネルヴァの使者である、というヘーゲルにとっても、哲学は詩の使いであると信じられていた。池田は、ある作品でヘーゲルが、友人だった詩人ヘルダーリンに贈った詩の一節を引く。そこには、魂に詩の精神を抱きつつ、哲学を生きるヘーゲルの姿が、まざまざと感じられる。「自らを忘却した魂は、空間と時間から抜け出し無限なるもののなかで、今やふたたび目覚める。この魂を思考は摑まえることはできない。このことを他に語ろうとするものは、天使の舌で語っても、言葉の貧しさを感じざるをえない」(『魂とは何か』)。

哲学者が詩人になるとき、それが哲学誕生のときである。それは形而上学の始原である古代ギリシア以来、変わらない。哲学者に宿った言葉が、「哲学」として他者に伝播してゆくとき、詩情《ポエジー》を欠くことはできない。詩とは、ある形式の名称である。詩を詩たらしめている根源の働き、それが詩情である。詩情なき詩など、本来であれば意味をなさないが、現代にはそうした現象があふれている。詩情は、詩だけではない、絵画にも、音楽にも、造形にも働きかける。哲学も、詩情が自らを顕わす場の一つである。だが、いつの間にか、哲学は生きられるものではなく、語られる対象になった。

哲学研究は驚くほど進展を遂げたが、哲学それ自体がこれほど力を失った時代もまた、ないのである。哲学に論理を欠くことはできない。それは人間に肉体が不可欠であるのに似ている。だが、人間において魂なき肉体が意味をなさないように、哲学における詩情は、その根幹を司る働きを担っている。

処女作には作者のすべてがある、とはしばしばいわれることだが、池田の場合、自らが生きて証しするべき命題が宣言されているという意味で、その指摘が当てはまる。先の一節で池田は、自身がこれから論じるだろう根本問題を列記していた。一つは「内的言語」。次はコトバの起源。ヴィジョンの意味論、記憶論、夢の存在論、と展開し、ついに「見知らぬひと見知らぬところ、知られすぎている自身の気配のなかで」生きている者、「生ける死者」論に至る。ここで彼女は、内心に湧き上がった問いを列挙したのではない。問いが彼女を用いたのである。哲学者とは、問いを発する者であるより、問いに用いられた者ではないか。

哲学とは、そもそも学習する対象ではない。したがって、体系化された哲学などということも、彼女にとっては、「哲学」本来の姿から見れば奇異なかたちに映った。

哲学とは、学業や学科の名称ではなく、日常で経験される気づきの瞬間それ自体である。

「哲学」（philosophy）とは、真に叡知（sophia）を愛する（philo）ことだった。身を賭して、それを実践した者だけが、「哲学者」と呼ばれるにふさわしい。

「日常の現象から天上の意志への一直線の跳躍、思想と処世との一分の隙もない一致、これが私の形而上学《メタフィジカ》。どこが観念的だろう、どこが空想的だろう、生きていることの何であるかを知ろうともせずに生きることを信じている不確実さに比べれば」（『私とは何か』）と池田は書いている。彼女にとって哲学とは、形而上の経験に論理の肉体を与えることだった。生活の根柢を支えているのが、予想を排した偶然の連続であるように、そこで実が結ばれる哲学もまた、形式化されることを拒む。定型化された「哲学」は、すでに「哲学」の剝製に過ぎない。

現代の日本において「哲学者」とは、大学で哲学史を教える、あるいは歴史上の哲学者の学説について教える者のことを指すが、彼女は教師でもない、だから「哲学者」というには当たらない。自分は「文筆家」だと書いている。この呼び名がすわりの悪いことも実感している。「哲学者」と名乗ればよいではないか、というかもしれないが、「あれ〔哲学者という呼称〕はふつうは自ら名乗るものではなくて、人がそう呼ぶものでしょう」（『あたりまえなことばかり』）。

素朴な、何気ない指摘だが、「哲学者」たちへの彼女の痛烈な批判は十分に感じ取れる。かつて詩をめぐって偽詩人が乱れ出たように、「哲学者」を自称する者が次々に現われるとき、「哲学」は人々の手から奪われ、雲間に隠される。彼女は「哲学の巫女」と称する。ここには一切の比喩はない。避けがたい宿命と、神聖なる義務の自覚がある。彼女は、自分の思想を語ろうとしたのではなかった。天岩戸《あまのいわと》に隠れた「哲学」を呼び戻す、巫者たることを願ったのである。

「律動」は、池田晶子を読み解く鍵語の一つである。池田にとって哲学はどこまでも、止むことのない律動、持続する運動だった。処女作の一篇の題名が、「存在の律動」だったことを思い出そう。文字として律動と記されていなくても、律動が表現されている文章は少なくない。さらにいえば、池田の文章には「律動」が遍在している。そこに彼女の文章の、もっとも注目すべき特徴がある。

「意味」は、律動として、この世界に顕われる。語意が可視的な意味であるように、律動は不可視な意味である。語意を頼りに生きていることは疑わないだろうが、私たちがはじめに感じているのはむしろ、律動である。どこからか人がやってくる。私たちは、その者の声を聞かなくても気配を感じる。気配も律動の一形態である。だからこそ、私たちは生者だけでなく、天使や精霊あるいは死者といった、不可視な隣人が近づいてくることも感じ得る。

言葉を単に「語意」として知解するのではなく、「律動」として感じること、それは彼女の日常的な感覚だった。哲学の言葉に律動があるのではない。哲学とは叡知の律動そのものである、というのが池田晶子の原点だった。だから、わずかであっても律動への感覚が開かれていないと、書き手である池田と、読み手の間に溝が深まることがある。池田の文章を読む、それはある者には、これまで「聞いた」ことのない調べの経験だろう。しかしある者には、無音に思えるかもしれない。

読者に池田は、律動感覚ともいうべき、存在への触覚の開放を促す。促す、というよりも求める、ときには強いるといった方がよいほどに、強くその必要を訴える。自分の文章を理解してもらうためではない。その感覚が衰えゆくと、超越からの呼びかけを感じることが困難になるからである。

きわめて熱心な読者がいる一方、池田晶子にはどうしてもなじむことができないという人も少なくない。そうした声を、これまで何人から聞いただろう。講演をした折にも、話の中で彼女に一言もふれないにもかかわらず、会場からの質問で、あなたは著書でしばしば池田晶子に言及しているが、自分はどうしてもなじむことができない、何か理由があるのだろうか、と問う人が複数いた。同様の内容が記された手紙を送ってくる人もいた。そうした人々は、池田晶子を読まないのではない。読んで、違和感を覚える、というのである。

だが、おそらく彼らが感じていることを表現するには、「違和」ではなく「異和」と書いた方がよいのかもしれない。違和とは感覚の齟齬《そご》だが、異和は経験する次元の差異を表わす言葉である。違和感はときに生理的感覚だが、異和は身体的領域を超える。それを感じるのは、常に魂である。私もかつて、池田の文章にそうした感覚を抱いていた一人だった。本書はそうした読者にむけても書かれている。彼女自身が書いていたのも、そうした異和を感じる読者にむかって、である。

精神における異和こそ、哲学の起源であることを、彼女は熟知していた。私たちが経験するもっとも始原的な営み、それが「知る」ことである。「知る」ことは、しばしば異和の経験であると同時に、根源的な「知」につながる合図でもある。

以下の文中にある「概念」とは、私たちが日常的に用いる、ある事象の捉え方を指す英語のコンセプト（concept）の訳語ではない。コンセプトは変動する。だが、括弧に入っていることが示しているように、ここではむしろ、不動の意味、絶対的意味を指す。情報としての概念は、実在を覆い隠す。だが、池田がいう「概念」はむしろ実在の閃光、実在からのほとばしる光である。「知る」とはいつも「絶対」にふれることであり、そこから「知」の光をくみ取ることだ、と池田はいう。

知ることが想起であると言われる理由もまた同じである。あらかじめ在るものを知るのであり、ないものを知ることは決してできない。「概念」が絶対的自己同一性として遍在している限り、知ることは正確に、確認、あるいは再認である。「われわれ」が知るのではない。「概念」が、宇宙が、「われわれ」という場所において、既に在る自身を想起しているのだ。

（『事象そのものへ！』）

「概念」の始原、無形の「概念」、それを哲学の伝統ではロゴスと呼んできた。ロゴスに接近するとき、私たちはいつも最初に慄《おのの》きを感じる。だが、それはけっして脅威にはなり得ない。むしろ、それは私たちを導く。人間は、その生涯をかけていくつか「概念」を血肉化する。「概念」に優劣はない。それは、どれも絶対の一側面である。「概念」はいつも、絶対を媒介にして他の「概念」につながる。

が言葉である。

「概念」は争わない。むしろ、互いの欠落を補い合おうとする。たとえば、死と愛から死者が生まれ、正義と慈悲からは隣人が生まれる、また、光と意味から誕生したのが言葉である。

個々の人生の差異は、出会った「概念」の異同だともいえる。未知の「概念」にふれたとき、誰もが最初に動揺や不安を感じる。だが、そのとき人がふれているのは、恐怖の対象ではなく、言葉に内在するコトバの「律動」である。

コトバを前に、存在が根柢からゆすぶられる。魂がゆれる。そのとき魂にふれているのは「概念」である。そのとき「『概念』が、宇宙が、『われわれ』という場所において、既に在る自身を想起している」。

先の一文に「絶対的自己同一性」との一節があった。この言葉は、哲学者西田幾多郎の最重要の鍵語「絶対矛盾的自己同一」を踏襲している。近代日本において、体系としての哲学は西田幾多郎によって始まった、とされる。誤りではないが、それは西田が行なったことの部分に過ぎない。西田が提起した哲学体系も重要だが、それにも増して意義深く、また注目すべきは、彼が日本語によって哲学を語ろうとした行為そのものであり、無形の根源語としてのコトバを、私たちの母語である日本語に定着させたことである。哲学者とは、意味の深みから言葉を漁《すなど》り、「概念」となるまで育む者の謂《いい》でもある。

絶対矛盾的自己同一とは、絶対的に矛盾するものが自己同一でもあること、存在的に一たり得ないことが、不可避的に一なるものとして存在する、ということである。通常の現象としてはあり得ないが、実感として確かにある、あるいは、論理では容易に整合性を見出すことができないが、論理の彼方の世界へと導くものである。

処女作「存在の律動」で池田は、次のようにも書いている。「一に多を見、多に一を見る。多様に散らばっているものども、相対立しているものどもの背後に同一物を透視し、また、同一物が自身を多様に分割、相対立させる場面を感知する」（『事象そのものへ！』）。池田は、西田の言葉を説明しているのではない。彼女はあくまでも、自身の経験を言葉で刻み込もうとする。論理ではわかりにくいが、「絶対矛盾的自己同一」的世界が看取られているのはわかる。

処女作であると共に、詩を書くリルケのように、降り落ちるコトバをそのまま文字として刻み込んだような初期の一文で、池田が西田とつながろうとしていることは注目してよい。西田幾多郎以来の近代日本の哲学の伝統に、池田晶子もまた連なっている。ほとんど直接的につながっている。

ここでの「一」は、超越的一者である。「多」は私たち人間を含む被造物。「同一物」は、「一」の働きとしての「普遍性」である。超越者をあえて「神」、被造物を「万物」、「同一物」を永遠として先の一文を書き換えてみる。

「神」に万物を見、万物に「神」を見る。多様に散らばっているものども、相対立しているものどもの背後に「永遠」を透視し、また、「永遠」が自身を多様に分割、相対立させる場面を感知する。

彼女が西田に感じ、また、彼女が読者の前に描き出そうとしているのは、「永遠」が「自身を多様に分割、相対立させる場面」それ自体である。彼女は、その場面とは何かと、それについて延々と論じるようなことはしない。むしろ、読者をも、その「場面」に招き入れようとする。先の池田の言葉に、次の西田の一節を重ねてみよう。最晩年の西田によって書かれた一文であり、彼のもっとも重要な論文「場所的論理と宗教的世界観」からである。西田の思想的到達点を示していると考えてよい。

知るということは、自己が自己を越えることである、自己が自己の外に出ることである。しかも逆に物が自己となること、物が我々の自己を限定することである。知るという作用は、知るものと知られるものとの矛盾的自己同一において成立するのである。

似ている、という以前に、言葉から響く律動に、ただならぬ調和を感じないだろうか。知るとは自己を超えること、超越との交わりにほかならない、また、知る対象である「物」が自己となることだ、ともいう。「自己」と他者、あるいは「自己」と「物」との間に入って、その関係を断絶するのは「ドクサ〔臆見〕」である。ある人物が、『新・考えるヒント』の書評にこう書いた。「〔池田の文章を読んで〕腹が立つのは、読み手のドクサ〔臆見〕が暴かれ、生の根拠が容赦なく突き崩されるからではないか」。池田はこの文章を受けて「私はびっくりした。なんと、完全に読めているのである。完全に正確な読みなのである」と驚きを隠さない。作られた「常識」

を突きぬけ、真の「常識」に還る道を切り拓くことに使命を感じている点において、池田晶子は西田幾多郎の精神をそのまま継承している。同じ西田の論考で、次の一節を読んだときも、池田晶子と同質の精神の運動を感じずにはいられなかった。

最も遠くしてしかも最も近きものが、最も真なるものであるのである。何処まで行っても、その出立点を失わない、逆にこれに返るという立場において、真理が成立するのである。〔中略〕常識はドクサである、ドクサは何処までも否定すべきである。しかし常識の中にまた平常底的立場が含まれているのである。故に知識も、道徳も、常識より出て、また常識に返ると考えられる（勿論《もちろん》、常識というものは、極めて不純ではあるが）。

（「場所的論理と宗教的世界観」）

西田は、哲学の誕生を妨げるものとしてドクサ〔臆見〕を語っている。多くの場合、臆見は、世にいう「常識」と区分することができない。「常識」は多層である。表層としての「常識」はドクサにまみれている。だが、哲学はいつも「常識」の底に眠っている。西田はそれを「平常底」という。ここでは「平常底」を、「叡知」と読み替えてかまわない。さまざまな「臆見《ドクサ》」が叡知の響きを遮断する。

先の一節に続けて西田は、「偉大なる物理的発展の基礎となったニュートンの物理学も、作り作られる人間の平常底の立場から見れば、今日の相対性理論や量子力学の示すが如く、一種のドクサであったということができる」と書いている。現代物理学からみれば、ニュートンの学説すら乗り越えられるべきドクサに過ぎないというのだが、同じことはアインシュタインの学説にもいえるだろう。現代物理学の「常識」であるアインシュタインの理論もいつか、それを超克する説の部分になり、単独理論としてはドクサになる。科学は進歩する。だが、進歩することそれ自体によって、科学自体の不完全性を露呈している。ドクサが生まれるところにはいつも、世界を限定する基準がある。

科学はかつて存在探究の営みであり、哲学の重要な一分野だった。だが、近代になり、哲学と訣別した科学主義はドクサであり、真の「常識」の顕現を阻害する、と池田はいう。

科学主義が、われわれに常識を忘れさせる方向へ働くのは、これ自体は不思議なことではない。まさにその不思議である、不可解であるという感覚を、不可解ではないのだと言い募ることがそれ〔科学主義〕だからである。彼らは言うだろう、神や魂などの形而上的存在など、信じられない。われわれは、目に見えるもの、証明できるものしか、信じない。

しかし、目に見えるものしか信じないという彼らの目は、じつは、目に見えるものすら、見てはいない。寝ぼけないでよく見るがいい。君の目の前に見えているその花、その色、その形の美しさ、それが君の大脳皮質を切開してみれば見えるというのか。花の美しさ、それが機械で計測可能だというのか。

（『新・考えるヒント』）

「場所的論理と宗教的世界観」は、西田の遺作となった。発表されたのは彼の没後だった。科学主義と常識をめぐる池田の言葉を見ていると、あたかも彼女に西田の問いが宿り、その追究を継承しているかのように思われる。宗教、思想、文学、因習、それぞれが、各々の地平にドクサを生む。領域を問わず、近代が作りだしたもっとも大きなドクサ、それが死である。存在の消滅としての死である。

この遺作で西田が、最後まで論究の筆をゆるめないのは、ドクサとしての「死」だった。「自己の永遠の死を知るものは、永遠の死を越えたものでなければならない、永遠に生きるものでなければならない。しかも単に死を越えたものは、生きたものでもない。生きるものは、死するものでなければならない。それは実に矛盾である。しかしそこに我々の自己の存在があるのである」。どこまでも生き続ける者ではなく、「生きる死者」とならねばならない。「生きる死者」とはまったく矛盾的な表現であるが、ここに私たちにとっての存在の真実がある、というのである。ソクラテスの口を借りながら、池田はいう。

うん。なんでみんなわからないことをわかっていると思い込んでいるのか。知りもしない死のことを、知っていることでもあるかのように怖がるのか。

（『無敵のソクラテス』）

「臆見」という幕の後ろに実在の世界を開示すること、それが、池田晶子にとっての哲学の使命だったのである。

読むことにふれ、池田が印象的な言葉を残している。読むためには、ときに本を閉じ、活字を追うことを止めなくてはならない、とでもいいたげなのである。

読むとは絶句の息遣いに耳を澄ますことである。

（『リマーク1997-2007』）

四　絶句の息遣い

読むことが「絶句の息遣い」を感じ取ることであるなら、書くこともまた、絶句の経験を世に刻むことでなければならないはずである。

だが、今日、絶句なき論述が氾濫している。文学や哲学を骨抜きにしたのは、絶句を経ることなく、吐き出され続けている無数の言説である。コトバなき言説、かつては在り得なかったことが、現代では通常の出来事になっている。

文字とはそもそも、コトバという天界の声にかたちを与え、言葉に変えるものだった。また、文字は、コトバをこの世に刻み込み、「定着」させる働きをもつものだった。文字は、事物を示す記号ではない。文字はいつも「神とともにあり、文字は神であった」。以下に引くのは白川静『漢字』の冒頭にある一節である。白川に対する、池田の深い敬愛はすでに見た。

文字は、神話と歴史との接点に立つ。文字は神話を背景とし、神話を承けついで、これを歴史の世界に定着させてゆくという役割をになうものであった。したがって、原始の文字は、神のことばであり、神とともにあることばを、形態化し、現在化するために生まれたのである。もし聖書の文をさらにつづけるとすれば、「次に文字があった。文字は神とともにあり、文字は神であった」ということができよう。

渾沌とした存在の海から、意味を伴い、コトバが生まれ出る。コトバは世界を作り、万物に名を与えた。世界は、自らを語ろうとして神話を育み、それを世界に定着させようと文字を産み落とした。「原始の文字は、神のことば」だった。文字は、神話を「現在化」する。神話を生んだ永遠の世界を、私たちは文字を通じて時間的世界に招き入れようとする。文字にふれるとは、永遠と今の接点を生きることにほかならない。

誠実な書き手は、自分の記す言葉が、いつも自己以外の、別なところからもたらされているのを知っている。むしろ、何者かに言葉を託された者を「書き手」と呼ぶべきなのかもしれない。次に引くのは、石牟礼道子『苦海浄土』の一節である。コトバが書き手に宿る、生々しいまでの現場である。

僻村といえども、われわれの風土や、そこに生きる生命の根源に対して加えられた、そしてなお加えられつつある近代産業の所業はどのような人格としてとらえられねばならないか。独占資本のあくなき搾取のひとつの形態といえば、こと足りてしまうか知れぬが、私の故郷にいまだに立ち迷っている死霊や生霊の言葉を階級の原語と心得ている私は、私のアニミズムとプレアニミズムを調合して、近代への呪術師とならねばならぬ。

水俣病は、突然、平安に暮らしていた水俣の住民を襲った人災である。水俣に本社を置くチッソ株式会社は、猛毒である有機水銀を長年にわたって排出しつづけ、人々はそれを知らされず、汚染された海の魚を食べた。有機水銀は、全身の神経を麻痺させる。患者の身体はしぼった布のようにねじ曲がり、あらゆる感覚とともに身体の自由が奪われた。最期の姿は、想像もできないほどの惨劇となる。それにもかかわらず、政財界の権力は、問題の真相を隠蔽し、水俣病という人災をどこまでも矮小化しようとする。このとき、書き手は、実状を、「文字」によって、天地に闡明《せんめい》することを託される。

言葉は根源的に「呪的」なものである、と白川静はいう。「呪」とは本来、人間を超える者へとつながること、祈ることを示す。「呪」が呪いを意味するようになったのは、のちのことである。

池田に似て、石牟礼も白川に対して深い畏敬を感じていた。白川が亡くなったとき、石牟礼は半身を失ったかのように悲しみに暮れたという。「先生は生きておられる」と題する白川への追悼文に、石牟礼はこう記している。「人間の叡智の高峰から鳴りひびく古代の声のような、朗々たるお言葉に導かれて、この三十年ほどを生きてきたとおもう」。石牟礼が書いた「近代への呪術師とならねばならぬ」とは、白川のいう「呪」において読まれなくてはならない。このとき石牟礼は、自らの意志を語っているのではない。自己を通じてあらわれてこようとしている「声」の、通路となったことを告げている。

『苦海浄土』を書いたとき石牟礼はまだ、白川を知らない。先の一節を読むと、石牟礼の壮絶な闘いの覚悟の彼方に、まったく別なところで、「哲学の巫女」と自らを呼んだ池田晶子の面影が浮かぶ。作品も境涯も、異なる彼女たちだが、魂の次元においては玄妙なる共鳴と呼応がある。二人の言葉が開く地平は、近似しているというだけでは足りない、きわめて高次な類縁性がある。

巫女は何も自身を語らない。何ものかが、語りかけてくるのを待つ。あるとき、彼女にとって生きるとは待つことと同義であり、またある者が語り始めれば、身に負担が大きくてもそれを止めることはできない。かつては祭司だった巫女も、時代が変われば異なる立場で語り始める。古代では巫女に降りた言葉は、現代では異能の哲学者と作家に託されたのである。

おそらく池田は『苦海浄土』を読んでいない。もし読んでいれば、それにふれ、何か発言しただろう。「進歩したと勘違いして浮かれているのは、日本を含めた技術先進国ばかりで、取り残された国の人々の心には、憎しみが渦《うず》を巻いている」（『14歳からの哲学』）と池田は書いている。

生きるとは、自己の身に「死霊や生霊の言葉」を宿すことだ、と石牟礼道子はいう。このとき語る主体は、すでに精神の高み、「霊」それ自身となった患者たちにある。

語るのはコトバであり、「『われわれ』の方が、宿られた場所なのだ」（『事象そのものへ！』）と池田は書き、コトバとなった死者たちが生者に寄り添う光景を描き出す。

言葉が救済の実体である、と池田が考えているのはすでにみた。彼女は「言葉」がなぜ、絶望の底にある者に光を与え得るのかを知らない。その全貌を説明しようとはしない。だが、次の一節を読むと、言葉に救われたのは彼女自身であることが伝わってくる。

その意を求めればきりがない言葉とは、すなわちひとつの謎である。したがって、発語するとは、謎を謎のままに踏み越える絶対的な動作であって、発語とは一種の宗教的な儀礼のようなものだというのは、このような意味である。

（『新・考えるヒント』）

「宗教的な儀礼」は、「祈り」といい換えてもよい。祈るとは願うことではない。祈ることもやはり、何ものかの「声」を聞き、受け入れることである。その何ものかが語り始める場となることである。このときの「発語」、何かにうながされて発せられる言葉は、すでに個の枠を超えた出来事となる。祈りの「言葉」が顕現するとき、個は一つの通路になる。

次の一節には、「巫女」の魂に「言葉」が宿る瞬間が描き出されている。文中にある「釜鶴松《かまつるまつ》」は、水俣病を背負った人間の名前で、「この日」とは、水俣病が招いた惨状を目にしたときのことである。

この日はことにわたくしは自分が人間であることの嫌悪感に、耐えがたかった。釜鶴松のかなしげな山羊のような、魚のような瞳と流木じみた姿態と、決して往生できない魂魄は、この日から全部わたくしの中に移り住んだ。

（石牟礼道子『苦海浄土』）

飽くなき欲望が「経済」という土壌で肥大化し、ついに無差別的に弱者の人生と生命を奪う現状を見て、石牟礼は自分も同じ「人間であることの嫌悪感に、耐えがた」くなる。目を覆いたくなるような現実を前に、彼女はこのとき逃げ出すこともできたはずだ。だが、内面からの声はそうすることを許さない。その場所に留まり、生き抜くことを促す。「霊」として存在する、生者釜鶴松と共に、無数の死者たちの「声」となって、言葉を紡ぐことを託される。

先に引いた、水俣病の原因となった工業世界の実情にふれた一節で、石牟礼が近代産業を、どのような「人格」としてとらえねばならないか、と問いかけていることを見過ごしてはならない。強欲ともいうべき逃れがたい衝動に身を奪われた、近代の「人格」の一側面を凝視している。池田もまた、石牟礼と同じく、「人格」を持つにいたった、現代にはびこる悪から眼を離さない。そればかりか、人は誰も、悪の広がりに不可避的に加担していることを明示する。

それぞれの人が自分のために自分のやりたいことをやっているその結果が、まさにひとつのある時代、時代の精神というものを作りあげているのだから、自分と時代、人類の全体というものが、どうして関係ないことがあるだろう。それどころか、精神であるというまさにそのことにおいて、自分とは人類、人類の歴史そのものじゃないだろうか。

（『14歳からの哲学』）

自らを善として、一方的に悪を糾弾することはできない。善悪の区別なく、生きることにおいて、この世で自分と人類とはつながっている。さらに精神であることによって、人類の全歴史とつながっている、というのである。この池田の言葉は、「チッソは私であった」と語った、水俣病患者緒方正人の言葉を思わせる。

被害者の一人だった緒方はある日、被害者の原告団から離脱する。彼は、もし自分が、加害者となったチッソで働く一人だったら、どのような決断をしたかと考え始める。チッソは当時、化学肥料や酢酸、塩化ビニールなどを製造していた。彼は、家にはチッソが作った製品があることに気がつく。文明社会を生きている限り、間接的にであっても、自分もまた「加害者」たり得るというのである。このほとんど答えの出ない問いを前に、彼は苦しむ。苦しみ抜く。これが、彼にコトバが宿る契機となった。今も彼は、加害者、被害者を二分する視座とは別なところに光を求めようと、一人で活動を続けている。

「読む」とは、人間が書物を理解することであるとともに、「歴史」によって、人間が読まれることである。古人は、歴史書を『大鏡』『増鏡』と「鏡」の文字を以て呼んだ。「歴史」はいつも、今を生きる私たちを、「鏡」に姿を映すかのように照らし返す。「歴史」は、表層の混乱の奥に、来たるべき時代を照らす光があることを教えている。この叡知を思い出すことは、現代における火急の問題である。過去を顧みるためではない。真実の知恵をよみがえらせるためである。

どの時代であれ、現在の闇を真剣に切り開こうとする者は、一度は「歴史」に還らなくてはならない。震災以後のさまざまな問題をめぐって、石牟礼や緒方が直面した問いが、私たちにも突きつけられている。時代の暗夜はいつも、悲しみを生きた人々によって切り開かれたことを忘れまい。水俣の海を渡り、私たちもまた、「歴史」に還らねばならない。

ここでの「歴史」とは、すでに過ぎ去った出来事の記録ではない。なまなましく今によみがえる「歴史」である。古典と呼ぶにふさわしい書物は、いつも私たちを「歴史」へと連れ戻す。「読む」とは、コトバをたよりに「歴史」に連なることにほかならない。そこで私たちは、かつての時代を生き、今も「歴史」に生きている者たちに出会うことができる。「歴史」をめぐって池田は、十四歳の若者にこう語りかける。

確《たし》かに歴史は、すんで終わった過去のことで、今の君には関係がない。だけど、今の君が存在するということは、過去の歴史によって存在するという以外のことじゃない。そうでなければ、今の君のものの感じ方や考え方は、どこから来たのだろう。あるいは、現代日本人のものの感じ方や考え方は。

だから、歴史は決して、すんで終わった過去のことではないんだ。それは、自分が今ここに生きているということそのものなんだ。だから、歴史を知るということは、自分を知るということだ。

「言葉」は、必ずしも言語になるとは限らない。呻きであり、囁《ささや》きともなる。言葉を眼だけで読もうとしてはならない。耳をそばだて、降り来るコトバの到来を待たねばならない。言語は肉眼に映るが、不可視なコトバは認識されない。本を開き、活字を追うだけでは、コトバは顕われてこない。

（『14歳の君へ』）

「読む」とは、歴史の叡知との直接的な対話である。歴史の「言葉」は、必ずしも言

言語は知性によって読解し得るが、コトバを「読む」には、経験の深まりを必要とする。眼だけで文字を追うことに、大きな欠落を感じるような、自然な経験の成熟が求められる。知識だけではコトバの部屋に入ることはできない。経験がコトバの扉を開くのである。コトバは待つことを強いる。それは数年、あるいはさらに長い期間に及ぶことも少なくない。

こころがふるえるような言葉を見つけたなら、そのまま読み続けてはならない。ひとたび本を閉じ、書物からの招きを待たなくてはならない、そういったのはたしかアランだった。語意を追うことだけでは到達し得ない、言葉の奥に広がる、もう一つの地平があることを、アランは伝えようとしている。コトバからの呼びかけを感じるた

めに、私たちは目を閉じ、言葉を見ているのとは異なる、もう一つの眼を開かなくてはならない。

仏教は、肉眼、天眼、慧眼、法眼、仏眼と、「眼」を五つに分けた。それぞれの眼にだけ映る「言葉」の光景がある。眼の深まりに応じて、世界はその姿を顕わすというのである。

肉眼が深化し、天眼が開く。天眼は肉眼を包含する。天眼の「眼」は、肉眼の世界を否定しない。むしろ、それを包み込み、新たな意味を与える。慧眼、法眼、仏眼も同じである。それぞれの「眼」は、それまでの視座を包摂しながら深まってゆく。天眼といわずとも、私たちが心眼と呼ぶのも同じである。「眼」は肉体だけでなく、魂にもある。肉眼は事象を「見る」。心眼は不可視なものを「観」る。

古典と呼ぶにふさわしい書物には、文字を追うだけではどうしてもたどり着けない境域がある。言葉が言葉である限り、内なるコトバが失われることはない。肉眼だけで言葉を読めると過信したのは、近代だけである。

母語の語彙が豊かで、他言語にも精通している人は、その能力を疑わない。能力があるからこそ、それを用いようとする。読解ができるゆえに、それだけでは感じられない境域があることに気がつかない。

ケガをする。日常が思うように暮らせなくなる。不便なことだが、健康なときにはけっして見えない視界が開けてくる。足を引きずりながら歩く人の姿が、はっきりと視野に入ってくるのは、こうしたときである。言語に明るいゆえにコトバに暗くなることは、しばしば起こり得る。言語を自由に使えない私たちだからこそ、「読めてくる」意味の深み、浮かび上がってくるコトバの階層が存在する。

言葉の力は、自然がそうであるように、けっして人間の思うようにはならない。コトバは人間の恣意を超えて、世界に顕われ出ようとする。その通路になる者を、私たちは詩人あるいは芸術家と呼ぶ。かつては哲学者もそうだった。池田晶子はコトバの源泉に還ろうとする。

「どこの偉い先生がそれを書いたかという私心や邪念を離れて、耳を澄ましさえするなら、判じ難い専門用語とて、絶句する精神の息遣いとして聞こえてくるはずである」（『新・考えるヒント』）と池田はいう。深い森に水源を探す者のように、彼女は哲学の森に分け入ってゆく。そうした彼女にとって、言葉に潜んでいる先人の「息遣い」は、叡知の源流への道標にほかならなかった。

だが、コトバの意味を理解しえない一群の「学者」たちにとって、静かな森に響く「息遣い」は恐怖に思われた。学問は、どこまでも理性的でなくてはならない、と人はいう。だが、彼らのいう「理性」とは、五感に呪縛された狭き「理性」に過ぎない。

「理性」的世界の彼方から響いてくる「息遣い」をおそれるあまり、それを無きもののようにしようとしても無駄である。「息遣い」はけっしてやまない。それを知った彼らは、空白を自分の「声」で埋め尽くそうとする。ここでの「声」こそ、現代を席巻している貧しき言説にほかならない。

畏れるものに恐れの念をもって接し、それを拒むことに懸命になるのはやめよう。むしろ、私たちが真剣に考えなくてはならないのは、どうやって書物に隠れている不可視な文字を読み得るかではないだろうか。

「信念は揺ぎない。他人の解釈は不要である。古典を読むとは、自己を読むことに他ならないからである。と言うと、学問をある種の客観性の謂と思いなしている今日では、たちまちに誤解が生じる」（『新・考えるヒント』）と池田は書き、そのまま次の小林の言葉を「引く」。次の一節はそのまま、池田晶子の言葉として読んでよい。

彼らが、古典を自分で読もうとしたのは、個性的に読もうとしたことではない。

彼らは、ひたすら私心を脱し、邪念を離れて、古典に降参したいと希ったのであり、もし学者が、本来の自己を取り戻せば、古典はその真の自己を現すはずだと信じたのである。

（『新・考えるヒント』）

池田にとって小林の言葉を引くとは、文字通り、「精神である」小林秀雄に語らしめることだった。引用はときに、自己の言葉で語るよりも、いっそう真実味を帯びた告白となる。同質の経験が彼女を横切っていなければ、この言葉が彼女の前に現われることはない。さらにいえば、経験の深まりに応じてしか、言葉は訪れることはない。

古くから「よみびとしらず」に秀歌が多いことからわかるように、真実の書き手は、個性的であることを恥とした。書物と呼ぶにふさわしい「生き物」に蔵されているのは、単なる情報や知識ではない。作者の固有名を超えた精神の伝統である。書き手がもとめるのは、名を残すことではなく、伝統という無形の価値の流れに参画することだった。

書き手が自己という衣裳を脱ぎ去ったように、読む者もまた、自分を守る鎧《よろい》を脱ぎ棄て、コトバの世界に足を踏み入れなくてはならない。武器をもち、甲冑《かっちゅう》をつけた者に、誰が本心を明かそう。

読むとは、その著者に「会い」、言葉を交わすことである。比喩ではない。「交わる」というのが、その経験を表わすにもっともふさわしい言葉である、と池田はいう。次の一節も、『新・考えるヒント』に引かれている小林秀雄の文章である。彼女は、自らに沈黙を課すことで、より明るく、存在の深みから世界を照らし出そうとする。そこに引かれている言葉もまた、彼女の内心を、彼女自身の言葉以上に明示していると考えてよい。批評という形式の不思議である。

仁斎にとって、読書とは、信頼する人間と交わる楽しみであった。『論語』に交わって、孔子の謦咳《けいがい》を承け、「手ノ之ヲ舞イ、足ノ之ヲ踏ムコトヲ知ラズ」と〔先人たちが〕告白するところに嘘はないはずだ。この楽しみを、今、現に自分は経験している。だから、彼は、自分の『論語』の註解を、「生活の脚註」と呼べたのである。学者が、その仕事の責任感や使命感を、現に感じているその無私な喜びの上に置いているとは貴重なことである。

（小林秀雄『考えるヒント』）

「手ノ之ヲ舞イ、足ノ之ヲ踏ムコトヲ知ラズ」の一節は、『礼記《らいき》』に由来する。『礼記』は儒教の中核が記された四書五経のひとつで、人間の交わりあるいは儀礼における「礼」の秘儀を記した書物である。

『論語』を読むとき、仁斎は孔子に「会う」。そのとき仁斎は、『礼記』の作者たちにとって孔子の言葉にふれることが踊り出すほどの経験となったように、時空を隔てた自分もまた、手も足も宙を舞うほどの歓喜を感じるというのである。

仁斎や徂徠が登場する以前、儒学の本流は朱子学だった。朱子学に連なる学者たちから見れば、彼らの『論語』の読みは、著しいまでの「誤読」に映った。二人は正統な儒学の伝統に抗う者だった。彼らの「読み」は確かに「誤読」に違いない。だが、ここでの「誤読」とは、単なる放埒《ほうらつ》な理解ではない。新しい意味を切り開くことである。新たな言葉を刻むことである。

絵を「見る」。私たちはしばしば、そこに自由に意味を発見する。絵を「誤読」して恐れない。隣で見ている人と同じ「コトバ」を絵に感じていないとしても、たじろぐことがない。どうして同じことが、文字においてできなくなってしまったのか。本を読む、このときもまた、私たちは絵画を「見る」ときのように、「誤読」してかまわない。何が書かれているのか、正しさを求めてそれを探すと、誤読する可能性を極端に狭めてしまう。「誤読」が成就したとき、私たちは、自身の内側に不可視なコトバが生まれ出る瞬間を感じるだろう。

「正しい」読み方などというものは存在しない。けっしてない。私たちは、人間に接するときと同じように、真摯な態度で言葉に向き合えばそれでよいのである。読書とは、知識を得る体験ではない。むしろ、知識を「無知」に高める体験である。「無知」の自覚が生まれるとき、叡知の光が私たちを照らす。そのとき、私たちは言葉を読むというより、コトバを「見る」。ただ、「見る」のである。

万葉の時代、見ることを指す「見ゆ《まみ》」は、単に肉眼で何かを見ることではなく、大いなるものとの精神的／霊的な交わりを意味した。「自然との交渉の最も直接的な方法は、それを対象として『見る』ことであった。前期万葉の歌に多くみられる『見る』は、まさにそのような意味をもつ行為である」、さらに、「『見る』ことの呪歌的性格は、『見れど飽かぬ』という表現によっていっそう強められる」（『初期万葉論』）とも白川静はいう。

『論語』を前に、伊藤仁斎や荻生徂徠が行なった「読む」ことも、限りなく古代の

「見ゆ」に近い。そうでなければ、仁斎が、「最上至極宇宙第一」の書と『論語』を呼ぶ心持ちも分からないだろう。仁斎は、自ら記したように『論語』という一冊の書物に「宇宙」を「見た」のである。ここでの「宇宙」とは、天文学が研究領域とする空間ではない。現代の科学が提示するような「宇宙」を、仁斎は知らない。池田晶子は、仁斎の意に忠実に「宇宙」の文字を使っている。人は「宇宙」を誤解すると「宇宙へ行かなければ、宇宙へは行けないと思い込むことになる」（『ロゴスに訊け』）。

今、こうして私たちが生きているこの場所もまた、「宇宙」の一角であることを忘れて、どこへ行こうというのだろう。私たちの内にこそ無限の「宇宙」があることを忘れて、どこに「宇宙」を探そうというのだろう。仁斎が見た「宇宙」とは、彼と孔子が直接「会い」、言葉を交わせる場所だった。仁斎にとって「読む」とは、「宇宙」でコトバに包まれる経験を意味していた。それは、池田晶子も同じである。

仁斎が営んだ古義堂では、酒を飲み、食を楽しみ、『論語』を読んだという。江戸時代の日本人にとっても、『論語』を介して孔子に出会うとは、文字通りの意味で「手ノ之ヲ舞イ、足ノ之ヲ踏ムコトヲ知ラズ」という経験だった。池田は、ヘーゲルを愛した。だが、この哲学者を祀り上げたりはしない。「同じ人間が考えたことがわからないはずがないという確信を手放さない」（『考える人』）。さらに、「ヘーゲルは、肉体で読まれるべきで、考えながら読むべきすじの書物では、絶対にない」（『私とは何か』）ともいう。

感覚を総動員して、どこまでも精神を鋭敏にして感じる。むしろ、感じることだけのために身を研ぎ澄まし、「術語を、全部、無視する。即自有、向自有、即且向自有、絶対無媒介的純粋有、そんなものには目もくれず、脚下に踏みしだき、空拳で前進するのだ」（『考える人』）といってはばからない。

あまりに非論理的で、真面目な発言であるとは信じがたいというだろう。だが、実際にやってみなければ、池田の発言が妄言かどうかは分かるまい。批判する者のなかで、池田の提案を受け実行した者は、ほとんど皆無に近いだろう。

論理の奥に隠された秘密は、論理的思考によっては開示されない。それを開くのは、むしろ律動への共鳴である。書き手が言葉を用いているのではない。コトバが人間を用いるのである。そうである以上、精神の波長は、書き手自身にではなく、コトバに合わせなくてはならない。そう池田は指摘しているだけである。

「ヘーゲルは間違いなく、哄笑する哲学者である。誰もそんなことは言ってないが、私にはわかる。謹厳だの晦渋だのというのは、おそるべき誤読であって、あれら大言壮語の煙幕の向こうで、高らかに笑っているのが私には聞こえる」（『あたりまえなことばかり』）と池田はいう。同じことを仁斎が孔子にふれ、いったとしても驚かない。彼女がヘーゲルにいった言葉を、私たちは池田晶子を感じるときに思い出そう。池田晶子が読者の前に示そうとしている哲学の現場も、先哲を崇敬するようなところなどではなく、むしろ、彼らと共に語らい、楽しむ饗宴の場所である。

言葉にコトバを感じることができなくなったところに、哲学の凋落《ちょうらく》が始まった。哲学もまた、詩や小説と同様、コトバの律動の一形態である。私たちは小説を読むように、詩を読むように、哲学の文章を読んでかまわない。あるいは、音楽を聴くときのように、絵を見、彫刻にふれるときのようにヘーゲルの言葉を、あるいは池田晶子の言葉を「読む」ことがあってよいのである。

ヘーゲルは用語で読むべきでなく、そんなものにこだわらずに読み進んでいくうちに次第に馴染んでくるそのリズムで読むべきなのだ。ひとつひとつの言葉ではなく、それらの底に流れる大きな意味の流れで読むべきなのだ。「意識」「知識」「精神」と、分けて言ってみたところで、彼にとっても、私たちにとっても、その用語で言われようとしている事態は、いま生きていることとこの不可分で多様な雰囲気のことでしかないのだから、哲学書に外側から近づこうとする姿勢自体が、根本的に間違っている。哲学書を畏れるなかれ。あれは、私たちの内なる黙した普遍言語から、表現の必要上、便宜的に分派した方言のようなものなのだ。

（『私とは何か』）

素材は目の前に準備されている。それを食することに問題がないことは歴史が証明している。さあ、あなたはそれを調理して食べるのか、それとも分厚い百科事典でその名前を調べ、以前に食べたことのある人の意見を探して、そのときの経験を確かめてから食すのか。だが、そのときはあまりに時間が経過しているため、食べ物はすっかり冷え切っているかもしれない。あなたならどうする、と池田は問うのである。

書き手の生む言葉は、いわば可能性を秘めた炭素の塊に過ぎない。それに、読むという営みを通じて圧力を加え、固い、輝く石に変えるのは読者である。ここに賢者の石が生まれる。言葉を充たすのは、いつも読み手の役割である。書物の存在がそれを証ししている。書物が待っているのは、創造する読者である。書き手すら、自分の言葉と再び出会いたいと思えば、読者となってそれを読まねばならない。どんなに優れた言葉であったとしても、それらは読まれることによってのみ、完成する。

池田晶子は今も語っている。作品は完結していない。肉眼に映る文字は動かないが、読むことを通じて私たちの精神に舞い降りてくるその言葉は、今も変貌を続けている。

五

言葉と宇宙

春、早朝の奈良は深い霧に覆われていて、光と風が、きまぐれにうっすらと景色をかいま見せる。このまま白色の帳《とばり》を進めば、道は自ずと古《いにしえ》の時代へ通じるのではないかと思わせた。

思った、というのは正確ではない。あのとき私は、何も考えてなどいなかった。ただ、湧き出るように顕われた時空の裂け目を前に、これまで身に覚えたことのないような懐かしさを感じていただけなのである。声は、耳だけで聴くのではない。言葉は確かに姿である、と愚にもつかないことだが身に迫るように感じられた。

このとき、古都奈良はすでに、飛鳥時代の文化を今に伝える場所の名称ではなく、一つの出来事の異名である。それは、私の古都、私の奈良でありながら、時間を越えて「時」につながり、今と永遠とが同義であることを教えてくれる。池田晶子を論じる文章で、こんなことを書いているのは、奈良でのあの日のことを思い出すたびに、彼女が書いたある一節を思い出すからである。

奇妙に聞こえるかもしれないが、「詩人」は池田にとって、何ものかが生起する一つの場所である、と感じられていたのだった。無私の精神に領されるとき、人は風景に溶けこむ。その人は「人」でありながら、大いなるものが通り過ぎる「場所」になる。「詩人とは、ことばと宇宙とが直結していることを本能的に察知している者を言う」（『事象そのものへ！』）と書き、池田はこう続ける。

〔詩人の〕感受性は宇宙大に膨張し、そしてそこに在るもろもろのものへと拡散し、それらを抱えて再びことばへと凝縮して来る。彼は、ことばと宇宙とが、そこで閃き、交感する場所なのだ。あることばがそこに孕む気配、またあることばが既に帯びた色調、それらをかけ合わせ混合し、無限のヴァリエーション、未だ「ない」宇宙が、そこに展かれる場所なのだ。

（『事象そのものへ！』）

詩人にとって、詩作とは降りかかる体験を世界に定着させることであるよりも、むしろ、もう一つの時空を切り開くことだった。詩人とは、根源的に生ける場である、さらにいえば「場所」になりきったときにのみ、その人は詩人と呼ばれるにふさわしい。こうした詩人観は、強くリルケを思わせる。池田は、詩人リルケにほとんどふれていない。二人は性格も境涯も似ていない。しかし、その詩的世界は著しく共振し、言葉は共鳴する。次の一節は、池田晶子が、没後の小林秀雄に送った「手紙」の一節である。

哲学的精神は常に、統一性《ユニテ》を目指すのではなく、統一性《ユニテ》から引き返してくるものです、烈しい反省の力によって。統一性《ユニテ》とは、机上の諸概念の脳中での総合のことではない。それは、今、在るということ、この解り切った体験のことだ。

（『メタフィジカル・パンチ』）

哲学は、美醜、善悪、優劣などの相対性を超える「統一性」を志向する。哲学とは「統一性」へと還ってゆく道である。かつて哲学は、聖なる学問だった。学問とは知識を積み重ねることではない。人間によって一歩一歩、歩かれることによってのみ開かれてゆく道だった。この世にあらわれる「意味」を道しるべに、混沌の深みから、「統一性」に帰還しようとする、その営みそのものが哲学だった。同じことが、リルケにとっては「詩」だったのである。

死とは私たちに背を向けた、私たちの光のささない生の側面です。私たちは自らの存在世界が生と死という二つの無限な領域にまたがっていて、この二つの領域から尽きることのない糧を摂り込んでいるという、どこまでも広大な意識をもつようにつとめなくてはなりません。〔中略〕真実の生の姿は、〔生と死の〕二つの世界を架橋し、また、貫いていて、そこには終わりなき「血」の循環があるのです。この世というものがなければ、あの世というのもありません。あるのはただの大いなる統一体だけで、そこには私たちを凌駕する存在、「天使」が住んでいるのです。

（『リルケ書簡集　1910-1926』、筆者訳）

消滅としての死は存在しない。存在は、「死」のあとも「存在」する。生と死を分けているのは言葉である。あるのは「存在」ばかりである、とは池田晶子の本を開けば、どこでも語られている主題である。飽かず、彼女はこのことを語った。

人は、生と死を分けることに疑問を感じない。生は理解できるが、死は不可知であるといって終わりにしてしまう。果たしてそれでよいのか。私たちが「生」と呼ぶあり方は、「死」を完全に離れているものなのだろうか。「死」とは、「生」から消滅への道行きなのだろうか。「いまだ生を知らず、いずくんぞ死を知らん」といった『論語』の言葉は、こうした地平でもう一度読まれなくてはならないのではないだろうか。人が、生のみを絶対視し、死を疎ましくいうのを止めるまで、「巫女」にコトバは降り続けた。なかでも次に引く、ソクラテスの口を借りて、彼女が生と死を語るところは印象的だ。そのままリルケに聞かせたい。ここで池田がいう「存在」とは、リルケが語った「統一体」であり、それは先に、彼女が小林秀雄に向かって書いた「統一性」と同じものを指している。

ソクラテス　存在するということは、無ではないということなのだ。存在しないということは、存在しないのだ。
検死官　死後の世界は存在すると。
ソクラテス　違う。死がないのだから死後もない。世界はここに存在するのだ。
検死官　やはり世界は生きている間だけ存在すると。
ソクラテス　違う。存在するということは生存するということではない。死がないのだから生もない。

（『無敵のソクラテス』）

詩作を離れたリルケは、病みがちな、静かな、しかしどこか人を魅惑する男だったが、詩人リルケは、現世の悲しみと絶望に意味と光を掘り当てる、力強き魂の穿鑿《せんさく》者である。リルケの周辺にいた人々は皆、詩人が切り開く荘厳なる世界に、戦慄にも似た感動を覚えた。その言葉の先に、未踏の場所が開かれるのを見た。リルケは旅に生きた詩人だった。人々は、それぞれにできる方法で、詩人リルケを擁護した。ある富者は、城を自由に使うことを許し、ある者は、詩が書けないとなげく彼に、幾度も書簡を送って励ましつづけた。それはあたかも、聖地を守るかのようでもあった。喩えではない。ライナー・マリア・リルケとは、詩人の名であるとともに、この世に開かれた、「宇宙」へとつながる「生ける場所」だったのである。

同じことは、池田晶子にもいえる。池田晶子を「場所」だと思ってみる。彼女によって書き続けられた言葉を、その場所でさえずる鳥、芽吹く植物、流れる風のように読む。読むというよりも、その場所にたたずむように、言葉に向き合う。すると言葉が、静かに、しかし確かに、つぼみが開いて花になるように、コトバへと変じていくのを見るだろう。

言葉も、眺めつづければ一枚の絵のようにも感じられる瞬間がある。音楽に詩を感じることが何ら不思議なことではないように、私たちは絵画や彫刻にも詩を「読んで」よい。音楽が聞く詩であり、絵画が見る詩であるように、彫刻はふれる詩である。一見、様相が異なるように感じられるかもしれないが、どれも、概念で覆い尽くされた、造られた日常から、私たちを解放してくれる。

「統一体」には、人間の存在を超えるもの、「天使」たちが暮らしている、とリルケはいった。池田晶子は、リルケのように「天使」とはいわない。彼女は、異界の住人という。見ているものは同じである。リルケもまた、自分のいう「天使」を、キリスト教のいう「天使」とはほとんど似ていないと断っている。彼の見ている「天使」は、既存の神学には縛られないというのである。池田晶子が異界の人を語る言葉もまた、リルケに劣らず鮮烈である。

たとえばそれは、機上から雲間にぽっかりと地上の光景が覗くような仕方で、
異次元
もしくは
異界
が見える
あの明らかさはなんなのか
そこで動いている住人について、「生きている」もしくは「生命」という言い方
はできない

（『リマーク1997-2007』）

旅先で、自分の魂のありかを教えてくれるような「場所」に出会う。人が固有名をもつのは、「場所」が地名をもつ意味においてである。固有でありながら、大地はどこまでもつながっている。それは異界にもつながっている。人も同じである。私たち

が個であるのは、孤立するためではなく、真につながるためである。生者はいつも死者とつながっている。詩人はその「現実」を謳って止まない。「場所」は、「現象」といい換えてもよい。人間もまた「現象」なのである。それ以外の何ものでもない。むしろ、そうであるがゆえに貴い。

「場所」には接することができるが、「現象」にふれることはできない。だが、それは確かに存在する。「唯識論こそ宇宙の根本原理であることを彼もまた知っていた」と池田は書く。「彼」とは、詩人宮澤賢治である。賢治にとって「物」は、いつも不可視な何ものかの顕われ、根源者の「現象」だった。「現象」とは、超越者の「象」が世に「現われ」ることである。『事象そのものへ!』に収められた「清冽なる詐術」で池田は、賢治の詩は、見えるものから見えないものへの語りだったという。

意識に生滅する「あらゆる透明な幽霊の複合体」をそうとして眺め、たんたんと写しとっているのは、わたくしではない、「わたくしといふ現象」だ。万物一如もまた事実であり、「すべてがわたくしの中のみんなであるように/みんなのおのおののなかのすべてですから」、想像力は、他者へ、他の生物へ、物質へ、他

の時空でその宇宙を感受しているその感性すなわち死者へと、たちまち閃き了解する

（『事象そのものへ！』）

『現象としての人間』と題する書物がある。著者テイヤール・ド・シャルダンは、カトリックの司祭でありながら独自の進化論を唱えた。教会は、進化論を認めない。生前は教会によって発言を制限されており、私たちが彼の存在を知ったのは没後である。彼の哲学は、現代科学を先取りしているだけでなく、宗教と思想、あるいは科学との対立を、対話に変貌させる契機に満ちている。彼にとって「現象」とは、顧みられることなく消え去る刹那の事象ではない。むしろ、何ものかが、現《うつつ》を象《かたど》って顕われることである。詩人という「現象」を、池田晶子は次のように語る。

何喰わぬ顔をして地球人に扮装し、宇宙を思惟し続けているそのような者たちの語る言葉は人類史の地下水脈、間歇泉のように現われるそれらは、狂気と聞き流すには不思議に耳に残るだろう。

（『オン！』）

その通りに違いない。詩人だと知らずに会ってみれば、彼らは退屈な人間だったかもしれない。だが、その人物の書いた詩は、確かに私たちを世界の彼方へといざなう。魂の深奥を照らし出すような言葉にふれることは、ときに慎重でなくてはならない。それは容赦なく、私たちを実在の世界へと引きずり込む。抗うのは容易なことではない。それは言葉がもつ牽引力のためだけでなく、人にはおのずから、存在世界の秘奥を志向する衝動があるからだ。

詩のコトバは、私たちが「宇宙」とつながっていることを思い出させる。さらに、詩人の言葉に、虚無を充溢《じゅういつ》させる何かを求めるなら、詩の文字をなぞってはならない、詩人たちに託されている何ものかを見よ、「それらを真実知ってしまった者たちの凄絶な姿を見よ」と池田はいう。

狂気と表裏に抗うか、あるいは完璧な沈黙と無為にうちのめされるか、いずれにせよ、彼らはその全実在を賭けて、それらと格闘する。真実を書きつけるポオのペンが、炎となって燃え上がるならば、「永遠」「虚無」と絶句する偉大な詩人たちの唇は、星座となって凍りつくだろう。

（『事象そのものへ！』）

「偉大な詩人たち」といい、星座群に詩人を見ているように、ここで池田は個々の詩人を論じようとしているのではない。詩人という精神の在り方を、我が身に感じようとしている。「詩」という生き物が、詩人を通じて世界を象る、その瞬間を見定めようとしている。語るのは詩人ではない、どこまでも「詩」である。語るのは哲学者ではない、ロゴスなのである。

星座となって凍りついた詩人たちの唇に、沈黙の声を「読む」。それは自己の心中にこだまする、すでに逝った詩人たちの肉声に対峙することでもある。それは、読む者が自らの内に潜む「詩」に出会う道程でもある。「表現へと向けて自身を凝縮してゆこうとする思想が、その肉体として、本能的に、散文よりも詩を選ぶのはなぜなのか」（『オン！』）と池田はいい、詩人のコトバに促され、自らの内面でも動き出すコトバを語ろうとする。

詩を書く、という表現は、実状を精確に写し取っていない。詩によって書かされるといった方が、詩人の現場に接近している。人間が形式を選び、そこに言葉を当てはめるのではない。コトバが形式を、表現のかたちとそれを行なう者を選ぶのである。詩に限らない。芸術と呼ぶにふさわしい仕事において、人間はいつも一種の「機能」となる。読者の魂を揺らす詩人たちの生涯には、コトバに強いられる使命を生きなくてはならない苦しみと栄光が入り混じっている。

「真実を書きつけるポオのペンが、炎となって燃え上がる」、と先の一節にあった。たしかにエドガー・アラン・ポオは、人が真実を書くことができれば、そのペン先は紙を燃え上がらせる、と書いた。『マルジナリア（Marginalia）』と題するポオの作品がある。「マルジナリア」は、本の余白に記す書き込みのことで、そこには題名通り、数十の書き込みのような短文が収められている。そこに「赤裸の心（My Heart Laid Bare）」と題する一章がある。

全人類の思想、常識、感情を、一気にひっくり返そうという野心のある者がいるなら、それは容易に実行できる。ただ、小さな一冊の本を書けばよい。その著作の題名は「赤裸の心」である。しかし、この本はその題名のとおりでなくてはならない。〔中略〕それを実践する勇気をもった者はこれまでいなかった。勇気があったとしても、それを書くことができないのである。試みてみるがよい。紙は、灼熱したペンにふれ、燃え上がり、消え去ってしまうだろう。（筆者訳）

この小品の原題を、フランス語に訳すとMon Cœur mis à nuとなり、「赤裸の心」として知られているボードレールの日記の題名になる。偶然ではない。日記をこう呼んだのは、ボードレール自身である。日記が公になったのは彼の没後だった。この詩人は、日記が公に読まれることを意図して書いたのではなかった。だが、彼に「読者」がいなかったわけではない。彼は、ポオのまなざしを感じながら日記を書き続けたのではなかったか。

真実を、文字で完全に書き記すことはできない。しかし、それは感じられる。魂の現実が、精神を通過して文字になろうとするとき、それはほとんど消え去るかのように思われる。詩が、そうした真理と美と善性の来訪をこの世に刻む営みであるなら、詩人たちがそうであったように、読者もまた、それを感じることから始めなくてはならない。

文字に語意だけを追う者は、言葉に潜む真実が、閃光として顕われることに気がつかない。ポオがいうように、ペン先が紙を燃やすなら、詩人の言葉が「閃き」を放ち、読者に読むことを止めさせることがあっても、何ら不思議ではない。

思想とは、それを抱いた思想家当人にとっては、あらかじめ言葉であるはずもなく、それらの先がけとしての感覚・気配として与えられるものである限り、臨界点に達したそれらは、散文として展開されるよりも先に、詩句の閃きに似るだろう。飛翔する思念は詩によって着地する。そして散文は、地上の歩みに似る。

（『オン！』）

現代では、「詩」を見つけるためには、詩歌という形式に縛られていてはならない。「詩」はさまざまなところに顕現の場を求める。ここでの「詩」は、形式としての「詩歌」、ポエム〔poem〕ではない。詩歌を根源から生かすポエジー〔poesie〕である。ポエジーはさまざまな呼ばれ方をしてきた。ある人は「詩の精神」といい、あるいは「詩情」といった者もいる。先の一節では、彼女はそれを「思念」と呼んでいた。彼女にとって問題だったのはいつもポエジーである。ポエジーとは、美神とながめるロゴスの位相にほかならない。

若き池田晶子が書いた「清冽なる詐術」(『事象そのものへ!』所収)は、マラルメ、宮澤賢治にふれた詩人論だが、さらにいえばポエジー論である。この作品を読むと、当時の池田は、ある強い熱情を傾けて詩人西脇順三郎に接していた。「詩を論ずるは神様を論ずるに等しく危険である。詩論はみんなドグマである」と処女作「超現実主義詩論」でいいながら、晩年まで詩を論じることを止めなかった西脇を、池田が愛したことは注目してよい。そこで彼女は、次の西脇順三郎の言葉を引いている。

ポエジイの世界はそうした絶対の世界である。ポエジイの世界は有でもなく無でもない。また否定でもなく肯定でもない世界である。また有であると同時に無であり、否定であると同時に肯定である。ポエジイの世界は無限の世界であって、有限の世界を拒否することによって成立する。

(西脇順三郎『詩学』)

西脇は、文章に劣らない情熱をもって絵を描いた。西脇には、線も色もまた「言葉」だった。西脇が愛した詩人マラルメは、「青い悲しみ」と謳ったが、この一節は、色もまた一つの「言葉」であることを端的に示している。

ポエジーが自らを顕わすとき、通路として用いるのは詩歌ばかりではない。それはときに音に乗り、色に響き渡り、かたちに伏在する。カンディンスキーの絵に動かされて、音楽家が曲をつくる。また、セザンヌは音楽の秩序を色で表現しようとした。親友の死を経験したピカソは、それをモチーフにした連作を描く。染織作家志村ふくみには、『色を奏でる』と題する散文集がある。彼女にとって「色」は、字義通りの意味で、音のように「奏でる」ものだった。色にも音が潜んでいる。色糸は織られることによって調べをかもし出す。芸術家は、さまざまな形によって、意味である「言葉」に生命を与えようとしている。「音楽も絵画も、人の動作も目の動きも、あらゆるものに意味があり、意味を『語っている』」（『暮らしの哲学』）と池田は書いている。次の一節も、池田による西脇順三郎の引用である（『事象そのものへ！』）。彼女の言葉ではないが、彼女が音読していると思って読んでみよう。

美しいポエジイが現実から生まれるためには「無限」という神秘を加えなければならない。有限の現実に「無限」を混じると現実が神秘性を帯びるようになる。――しかしポエジイは宗教詩であったり宗教そのものであってはならない。それはもう人間の世界ではなくなるからである。あくまでもポエジイは人間の現実の表現でなければならない。人間の宿命的な絶望から起った哀愁と人間への同情でなければならない。

（西脇順三郎『詩学』）

無私なる人間の行為に心を強く動かされる、あるいは心が洗われるというとき、私たちが感じているのはポエジーである。ポエジーは、人間の行為に潜むこともある。ポエジーは、相反するものを融合する。ポエジーは、「宿命的な絶望」を癒す。俗世的に染まり果てた「宗教」を超え、人間を救う。

別なところで西脇は、天国と地獄を出会わせて、その彼方に真実の世界を顕わすのがポエジーの役割だとも書いていた。教義によってがんじがらめになり、地上の宗教がすでに実現できなくなってしまった対話と和解を、ポエジーは促す。あるときは激怒し、恨んだことすらあった相手でも、その人物が全身全霊で謝罪するとき、予想もしていない何かが起こる。癒し難い領域が侵されたにもかかわらず、許しの感情が生まれる。しかしそれは、容易に実現されない。だからこそ、それが起これば奇蹟である。対立する国家間で、しばしば芸術が無言の対話を実現しているのは、その働きを証明している。

ポエジーを宿した詩は、固定された表記ではなく、むしろ轟く律動として存在している。詩は、読まれることで律動をよみがえらせる。だからこそ、それと真に出会った者を驚かし、動かすのである。

詩にふれ、轟音を聞いたような経験はないだろうか。どこからともなく、これまで耳にしたことのないような、低い、しかし懐かしい音を聞いたことはないだろうか。詩は、沈黙していない。それはあたかも、ピアノが演奏者を待つように、人に読まれることで真実の音を響かせるのを待っている。詩人とは、詩の作者であるより、詩の音を最初に聞く者の呼び名なのである。詩を読む私たちがそこに動かされるのは、自分以外の何ものかに出会うからではなく、むしろ、見知らぬ自己に出会うからではないだろうか。感動とはいつも「生もしくは心が、自身に深く触れたときに生じるわななきのようなもの」(『新・考えるヒント』)であると池田は書いている。

詩人は直観によって言葉を捉えるのであって、反省によって捉えるのではない。反省によって言葉を捉えることなどできない。反省とはひとつの作用であり、それ自体はいかなる実質ももたないからだ。直観によって捉えた言葉を、反省によって洗練する、詩作とはおそらくそのような行為であって、直観が言葉を捉えるその現場は、詩人自身にすら自覚が不可能な、一種絶対的な出来事であるに違いない。

（『新・考えるヒント』）

詩作は、ポエジーの訪れに対する人間の応答である。また、この世にポエジーの来訪を刻むことである。そのとき、詩人は自分が何に従事しているのかを知らない。ただ、懸命に一個の無私な存在であろうとする。人が「詩人」に新生する、それは一つの「出来事」である。

誰にでも、大切に胸にしまっている言葉があるだろう。苦しいとき、悲しいとき、絶望したとき、あらゆる人生の試練にあるとき、宝石箱から取り出して、独り向き合う言葉があるだろう。そのコトバは、言語ではなく、光景、あるいは雰囲気として感じられるかもしれない。それは必ず、誰かを通じてこの世界に現われた言葉である。出会った私たちは人に出会ったのか、コトバに出会ったのか、容易に区別することはできない。

「出来事」は、私たちがそれを意識するしないにかかわらず、人生を深く横切り、私たちを生の深みへ連れもどそうとする神秘な現象である。「神秘な現象」は、狭い論理に凝り固まった、悪しき「神秘主義」とはまったく関係がない。むしろ、貧しき秘教から私たちを解放する。それは、近代のいう「理性」では語り尽くせないことを意味している。今日いう「理性」とは、「科学」という一種の近代的な「迷信」の先に生まれた無感情の視座に過ぎなくなってしまった。

本来「理性」は、「神秘」なるものへの触角でなくてはならない。池田晶子の哲学は、そのことをよみがえらせようとする。「理性」を「理性」の台座に復権させること、それが池田晶子の悲願だったといってよい。「理性」は感情と対立しない。むしろ、感情の働きを補い、十全にする。容易に全貌を知りえないが、どこか懐かしい感情を呼び起こす何ものかである。

「出来事」に遭遇したとき、最初に反応するのが狭義の「理性」ではなく、感性であるのは自然なことだ。「感性」と書くことが、感情的世界がもつ芳醇な深みを失うことになるなら、ここでも感性ではなく、あえて「感情」と書かなくてはならない。感情は感性に先行する。今日いう「感性」とは、感情が感じる生《な》まな経験を、認識可能な形態に変化させる働きである。

感性的であることは、世に受け入れられやすい。感情的であることは、しばしば非難を浴び、否定の対象になりかねない。通常、「感情的」というのは、おおむね激昂している状態か、制御を失い、暴走し始めようとしている情況を指すのではないか。だが「感情」は、もっと奥深く、また繊細である。日々の生活の中で、生の深みにふれたと感じるとき、私たちを包むのは何らかの感情ではないだろうか。

感情に包まれた生は、ときに傷つきやすいようにも感じられるが、危機にあるとき私たちに必要な魂の糧を見出すのも、感情であることを忘れてはならない。愛する人を喪う。悲しみの感情に包まれる。しかし、死者の到来をもっとも鋭敏に、また確かに認識するのも、私たちが悲しみと呼ぶ感情なのである。

悲しみがなければ、私たちの生涯は平穏だろうか。悲しみを力に、と人はいう。しかし、悲しみこそが力なのではないだろうか。むしろ、悲しむことで、危機というべき困難のなかに、生の意味を見出しているのではないだろうか。悲しみが生を穿《うが》ち、そこに生命の泉がわき出す。

先に引いた詩人と直観をめぐる一節は、池田の小林秀雄論にある。小林こそ、「感情」の復権を粘り強く論じた人物だった。晩年、小林は、親友であり同じく批評家だった河上徹太郎との対談で、「歴史」をめぐってこういった。「歴史の魂はエモーショナルにしか摑めない」。「エモーショナル」とは深き感情に満たされているさまをいう。

ここでの「歴史」とは永遠の異名であり、詩とは、永遠なる相の輪郭線を描く営みである。だが、詩人は自分が何をしているか、その営みの真意を知らない。彼がそれを知るのは、書く手を止め、詩人であることを止めたときである。詩人はただ、「詩」を作る。作ることを強いられる。「詩」は、ジャンルとしての「詩歌」とは限らない。それは、私たち一人一人のかけがえのない生そのものである。私たち一人一人が「詩人」なのである。比喩ではない。「生きとし生けるもの、いづれか歌をよまざりける」と、古今和歌集の「序」にいうのは真実である。次に引く池田の一節に書かれている「詩人」を、我がことに置き換えて読んでいただきたい。

書くべき事柄、その意味内容を、まず理解してから書く詩人がはたしているか。

姿は似せ難く、意は似せ易し。言葉は、まず似せ易い意があって生まれるのではない。まず言葉を捉えるという絶対的な動作があるのだ。動作は詩人に固有なものであり、似せ難い絶対的な姿をもっている。

（『新・考えるヒント』）

私たちの日常の生活の奥にある「意味」の世界が、浮かび上がってこないだろうか。人生の意味は決して失われない。人生とは、「意味」をつかもうとする個々人の「姿」にほかならない。

「姿ハ似セガタク、意ハ似セヤスシ」。小林秀雄が、そして池田晶子もしばしば引く宣長の言葉である。「姿」とは存在することそれ自体であり、それを似せることはできない。「姿」は、「存在の律動」だといってもよい。それは、生きる姿そのものを指している。人は他者の生きる「姿」に、無音の律動を感じている。不可視なコトバを読み取っている。心が震える、と口にするとき、人は「律動」を感じている。語になる以前の呻《うめ》きにも似たコトバの振動、律動を感じるとき、私たちは「詩人」になる。

しかし、「詩」が書かれるとき、詩人は自分の姿を見ることはできない。それを見るのは他者の役割である。詩人が独りのときも、不可視な隣人たちは詩人の傍らで見つめている。詩人ウィリアム・ブレイクは、優れた画家でもあった。だが、彼はなかなか絵を他者に見せようとしない。そうした態度を疑問に思った友人が理由を尋ねると、彼は、自分は人間にむかって描いているのではない。天使が見てくれればそれでよい、と答えたという。

六　常識と信仰

『トム・ソーヤの冒険』を書いた作家マーク・トウェインに、『不思議な少年』と題する作品がある。晩年に書かれ、作者の没後、編集者が草稿をまとめ、発表したものであることが、近年明らかになった。これはいわゆる真作ではない。オリジナル原稿も見つかっていて、邦訳でも、オリジナル版と編集者版があって、内容がずいぶん異なっていることから、編集者版は、トウェインの名を冠した、公然の偽作として扱われている。

それを踏まえた上で、ここではあえて偽作を取り上げてみたいのである。理由は簡単で、真作よりも偽作の方が圧倒的に面白く、また、強く、深く動かされるからだ。

どんな理由があれ、尊重するべきは真作で、偽作、贋作は顧みるに値しない、そうした考えは根深い。だが、それが絶対的な「真実」であるなら、私たちは、偽作、贋作から受けた確かな感動までも、捨てなくてはならないのだろうか。作品が「贋」であれば、それを前に感じたことも、しょせん贋物だということになるのだろうか。事は、さほど単純ではないように思われる。

この問いを、近代日本でもっとも切実に考えた一人が、小林秀雄だった。考えた、と書くよりも、考えることを強いられた、とした方が彼の境涯に近い。次に引くのは小林秀雄の『ゴッホの手紙』の序文である。小林の代表作の一つであり、評伝文学としても秀逸な作品なのだが、小林はこれを周到に準備して書いたのではない。むしろ、契機は突然訪れ、促しは抗うことも困難なほどの力で、彼を衝《つ》き動かした。彼の魂を著しく揺るがせたのは、最晩年にゴッホが画いた「烏《からす》のいる麦畑」だった。しかも、その真作ではない。彼の魂をふるわせたのは一枚の複製画だった。そのときの様子を小林はこう書いている。

ゴッホの画の前に来て、愕然《がくぜん》としたのである。それは、麦畑から沢山の烏《からす》が飛び立っている画で、彼が自殺する直前に描いた有名な画の見事な複製であった。尤《もっと》もそんな事は、後で調べた知識であって、その時は、ただ一種異様な画面が突如として現れ、僕は、とうとうその前にしゃがみ込んで了《しま》った。

複製の絵は、展覧会の別室に飾られていた。真作の展示室は人だかりがして、容易に作品に近づけない。途方に暮れていたとき、小林はこの絵に出会う。文字通り、邂逅したといってよい。引用にあるように、絵が複製であることを小林が知ったのは、後のことである。以後、小林はゴッホの評伝を書き終えるまで、この画家の真作を見ることはなかった。それほどに複製画を見たときの衝撃は強く、また、満ち足りていた。さらに小林は、絵画に見た光景をできる限り精緻に再現しようと、次のように言葉を続けた。

熟れ切った麦は、金か硫黄《いおう》の線条の様に地面いっぱいに突き刺さり、それが傷口の様に稲妻形に裂けて、青磁色の草の緑に縁どられた小道の泥が、イングリッシュ・レッドというのか知らん、牛肉色に剝《む》き出ている。空は紺青《こんじょう》だが、嵐を孕《はら》んで、落ちたら最後助からぬ強風に高鳴る海原の様だ。全管絃楽が鳴るかと思えば、突然、休止符が来て、烏の群れが音もなく舞っており、旧約聖書の登場人物めいた影が、今、麦の穂の向うに消えた――

途中までは、確かに絵画の描写である。だが、最後の一文は違う。そこで活写されているのは、小林の内心に広がった風景である。このとき、彼にとって絵の真贋はまったく問題ではない。むしろ、複製だと分かっても、心中で何ものかが語り、また音が来訪することが、一向に止まない。彼は鎮まらない異界の経験に驚いている。「全管絃楽が鳴るかと思えば、突然、休止符が来て」とあるように、そこには音楽が満ち、「烏の群れが音もなく舞って」いるように立体的で、「旧約聖書の登場人物めいた影が、今、麦の穂の向うに消えた」。彼はその絵の彼方に、啓示を受ける預言者を確かに見た。

複製の絵に、精神を根柢から揺さぶられるほど感動を覚えるところにも、小林の異能が感じられるが、凝視すべきはそこではない。魂にふれる経験であるとき、彼はそれが、どんな契機によって生起するかを問わない。予期せぬ出来事に向かって、小林はいつも開かれている。自分の考えによって、経験が生起する場所を限定したりはしない。超越が遍在するように、契機もまた遍在する。複製を通じて起こった感動であっても、彼はそれをけっして手放さない。小林は、続けてこう書いている。「僕が一枚の絵を鑑賞していたという事は、余り確かではない。寧《むし》ろ、僕は、或る一つの巨《おお》きな眼に見据えられ、動けずにいた様に思われる」。

「巨《おお》きな眼に見据えられ、動けずにいた」と記されているように、このとき小林は、確かにゴッホに「会った」。彼は、複製の絵画の奥に、画家がよみがえるのを見た。以後、ゴッホは、小林にとってかけがえのない人、親しき不可視な隣人になる。

この小林の一節に、次の埴谷雄高の一節（『死霊』序文）を重ねてみる。この埴谷の言葉を、池田晶子がそのまま自作（『オン！』）に引いている。私たちは彼女の言葉として読んでよい。引用する言葉と共振する魂がなければ、このような言葉を引くこともできない。引用もまた、創造的な営みである。

私は『大審問官』の作者（ドストエフスキー）から、文学が一つの形而上学たり得ることを学んだ。そして、その瞬間から彼に睨まれたと言い得る。私は彼の酷しい眼を感ずる。絶えざる彼の監視を私は感ずる。ただその作品を読んだというだけで私は彼への無限の責任を感ぜざるを得ないのである。

ドストエフスキーの小説を読むとは、文字を追うことではなく、作者に自らの心が読まれることだ、と埴谷はいう。それぱかりか作品を読むとは、「無限の責任」を背負うことだというのである。ひとたび出会ってしまえば、もう、ドストエフスキーの「眼」から逃れることはできない。埴谷にとってドストエフスキーは、過去の作家ではなく、今も創造を続ける一個の魂である。その「眼」は、小林にとってゴッホの「眼」がそうだったように、不断に埴谷の魂を見据えている。

同質のことは、池田晶子と埴谷雄高、池田晶子と小林秀雄の間にも生起している。埴谷がドストエフスキーに「読まれる」ことを感じながら作品を紡いでいったように、池田にとっては小林はもちろん、死者・埴谷雄高は、いつも不可視な読者だった。

さて、トウェインの小説に戻ろう。「不思議な少年」とは天使のことだが、この天使は、名前を「サタン」という。天使に悪魔を意味する名称を付すところには、現代の宗教に対するトウェインの大きな諧謔《かいぎゃく》があるが、今はそれにはふれない。

「サタン」は、人の心ばかりか、宿命までも見通す。あるとき、ひとりの女性が、魔女の嫌疑をかけられる。特別なことをしていたわけではない。病を治すには、祈るだけでは不十分で、体を清潔にし、栄養を摂り、十分に休まねばならないと、人々に伝えたにすぎない。教会ではすでに手に負えない人々が、彼女のもとを訪れ、癒されてゆく。宗教者ができないことを、一介の女性がいとも簡単に成し遂げた。このことが問題だった。彼女は「魔女」の烙印を捺《お》される。魔女は、石打ちによって処刑される。

石打ちとは、多くの人間が集まり、罪人を取り囲み、その人物が死に至るまで、こぶし大ほどの石をなげつづけることである。無数の石が、女性に向かって投じられる。だが、主人公の少年は、彼女が魔女などではないことを知っている。

すると、その心を見通したサタンが、少年にこう告げる。実は、ここにいるほとんどの人は、君と同じ気持ちなんだ。あの人は魔女なんかじゃない。でも、このなかに数人、人を幻惑させることに喜びを感じている人がいる。あの大きな声を出している奴らがそうだ。ほとんどの人は、自分ではそう思っていないにもかかわらず、大きな声に抗うことができない自分を認めたくないから、奇声をあげ、自分をごまかしている。そういうとサタンは、次のように言葉を続けた。人間とはまったく不可思議な存在だ。明日をも知れない命なのに、こうしていわれなき弱いものを糾弾する。そんなときまで自分の内心に嘘をついて生きようとするのか、とサタンはつぶやく。

自分だけではない、自分の大切な人もまた、いつこの世を去るかわからない。日々は、どこまで慈しんでも、過ぎることはない。サタンの警告は、万人にとって、常に迫りくる不可避な現実である。そんなさし迫ったときにさえも、私たちは、信頼も情愛も感じられない、ただ大きな「声」で説かれているだけの空疎な言葉に、自分の感覚を偽ってまで、従う必然があるのだろうか。死は、いつも私たちの背後に控えている。日常はいつも「臨死」である、とトウェインは考えた。その根本思想はそのまま、池田晶子の態度に重なり合う。池田は「臨死」をめぐって、ソクラテスにこう語らせる。

クサンチッペ　自分の体を上から見るんだって。
ソクラテス　肉体と精神は別物だからだ。あってもちっともおかしくない。
クサンチッペ　あの世の風景が見えるんだって。
ソクラテス　肉体の眼じゃないからだ。何が見えてもおかしくない。

クサンチッペ　肉体の眼じゃなくて、なんでものが見えるのよ。
ソクラテス　夢だって、眼は閉じてるのに見えてるよ。
クサンチッペ　あの世の人と会うってのは？
ソクラテス　夢でも死んだ人と会う。死んだ人は生きている。さてこれは臨死体験か臨生体験か。
クサンチッペ　要するに臨死体験って、ほんとなわけ？
ソクラテス　ああ、ほんともほんと、僕らは生きてる限り毎日が本当の臨死体験だ。今さら何が不思議かね。

（『無敵のソクラテス』）

生きている限り、「毎日が本当の臨死体験」であるにもかかわらず、なぜ、死後の世界をかいま見る経験だけを、ことさらに語るのか。花畑とすでに逝った近親者が迎えに来る現象にのみ、目を奪われるのか。生とは、字義通りの意味で、持続する「臨死体験」ではないのか。そもそも、誕生とは、死への確実な一歩を意味するのではないか、と池田は問う。

死が何であるかを知らない者が、どうして死後を語ることができるだろう。それにもかかわらず、現代において不断に死を語るもの、それが「宗教」である。今、「宗教」は秘儀であることをやめて、貧しき秘教になろうとしてはいないか。ここでの秘教は、永遠の謎、語られざる秘儀、神聖なる現実を意味しない。むしろ、何ものかによって造られた教説と教義を指す。秘教は人間を容易に近づけない。そればかりか、いつも教義によって真実を隠蔽する。

哲学は、造られた教義を拒む。いつも常識と共にあろうとする。常識とは、もっとも高次の意味における信仰であると、池田はいう。真実の意味における宗教とは、教団でも教義でも、ましてや建造物でもなく、人々に宿る悲願である。わが身をもって、超越者が顕われ出る通路となろうとする悲願ではないか、と問いかける。宗教は、神学や教学とはまったく無縁の静かに祈る老人、「鄙《ひな》の翁《おきな》」にまざまざとあらわになっているのではないか、と池田はいう。

生き死ぬ不思議を自然として実感している鄙《ひな》の翁が、神仏に手を合わせる心の動きを通常の信仰心と呼ぶならば、それはわれわれの常識に等しい。知るということと、事実を事実として知るということと、それを信じるということは、この地点において、もはや違うことではない。

（『新・考えるヒント』）

教義から自由になった信仰は、確かにある。むしろ、真の信仰とはいつも、狭き教義を乗り越え、超越に向かおうとする衝動の異名ではないだろうか。教義は、いつも信じることを求める。だが、信じる者にしか分からない神なら、真実の神ではあるまい、と池田はいう。信じることが供物《くもつ》であり、それを受ける見返りに「神」が何かを授ける、それが救いなのだろうか、と池田は問い返す。果たしてこの言葉に、現代の宗教はどう答えるのだろう。

「『なぜ』という問いに、『神』と答えられた時代は、前世紀の末で終わりを告げた。今私たちは、なぜ『在る』のか、わからない」（『事象そのものへ！』）とも池田はいう。この一節の背後に、「神は死んだ」といったニーチェを感じることは難しくない。だが、ニーチェがどこで、どのような絶望の果てに、万感の祈りを籠めてこの一節を書き刻んだかを、現代は遠く忘れてしまったのではないか。ニーチェが「神」を殺したのではない。むしろ、彼は、理性を信じた無数の人間が「神」を「殺して」顧みない現場を、目撃したに過ぎない。「いったいこれはありうべきことだろうか。この老いた超俗の人が森にいて、まだあのことをなにも聞いていないとは。神は死んだ、ということを」（手塚富雄訳）とニーチェは、『ツァラツゥストラ』でいい、さらに『悦ばしき知識』では、こうも語った。

神は死んだ！　神は死んだままだ！　それも、おれたちが神を殺したのだ！　殺害者中の殺害者であるおれたちは、どうやって自分を慰めたらいいのだ？　世界がこれまでに所有していた最も神聖なもの最も強力なもの、それがおれたちの刃で血まみれになって死んだのだ。

（信太正三訳）

この一節を読むたびに、新約聖書におけるイエスの受難が思い浮かぶ。「受難」とは、イエスが弟子に裏切られ、十字架に磔《はりつけ》にされ、処刑されるに至るまでのことを示す。ある日、イエスは弟子のひとりユダの密告により、自らを「神の子」と称し、神を冒瀆する行ないをする者として逮捕される。イエスは、宗教的権威者である大祭司の邸宅に連行される。一番弟子だったペトロは、遠く離れながらイエスについて行く。そこでペトロは、ある女性に、あなたも捕まったイエスの仲間ではないかと詰め寄られる。そして、三度まで同様の詰問にさらされ、ペトロは三度否定する。

先に引いたニーチェの言葉は、イエスに絶対の忠誠を誓いながら、三度まで弟子であることを否認し、ついには師を見殺しにしたペトロの、内心の声のように聞こえる。ペトロもまた、「おれたちは、どうやって自分を慰めたらいいのだ」と嘆いたのではなかったか。ニーチェはそこに、声ならぬ悲痛な、もう一つの「声」を聴きとっている。そして、血の涙のようなペトロの悲嘆を忘れた、現代の「宗教」の虚偽を暴くのである。

「彼〔ニーチェ〕は、信仰の神を殺すことによって、真正の神を生き返らせたのだ」（『残酷人生論』）と池田は書いている。ここで池田が「信仰」と書いたところは、「教義」あるいは机上の神学と置き換えた方がよいかもしれない。「翁」の信仰は常識に等しいと書いていたように、彼女は信仰を拒まない。だが、「信仰」の名のもとに行なわれる迷妄の強制を見過ごさない。

現代の「宗教」は、ニーチェの言葉に「神」への冒瀆を見るに終わった。そしてニーチェを浅ましきニヒリズムと同化させて、歴史に刻んだ。「ニヒリスト」を自称する「知識人」が無数に生まれた。彼らはニヒリズムが、「真正の神」の希求から生まれてきたことを知らない。彼らがいう超越の貧しき隠蔽者である「ニヒリスト」と、ニーチェとは何の関係もない。「ニヒリスト」たちは、何が「神」であるかを知らないにもかかわらず、自らを無神論者だといってはばからない。その姿は、空気が何であるかを知らない者が、空気などなくても生きていけると豪語しているようなものだ。

ニーチェを真似して、無神論と言ってればすむと思っている日本の知識人の皆さん、あなたが無いと言っているのは、では、どの神のことですか。あの神、この神とここで言ってはならない。なぜなら、ニーチェがその死を宣告したのは、まさしくその、あの神この神と言い得るような神、人の勝手であったりなかったりするような、「観念」としての神だからだ。

（『残酷人生論』）

彼らは、人生に意味などない、といってはばからない。知識人の認識はいつも接近するが、決して到達しない「漸近線の軌跡を描く」。「人生に意味はないと言うための百万言ならば、『知識人』たちの仕事とは、何という徒労だろう」（『事象そのものへ！』）
とも池田はいう。

さらに知識人は、「知識人たちの認識を通過しなくても、私たちは死ぬことができるという健康な事実を忘れている」。ここでは現代の「宗教」から区別するために、その始原を原宗教と呼ぼう。それこそが、宗教と呼ぶにふさわしい。また、宗教と呼ぶにふさわしいものであるなら、かならず、「原宗教」の痕跡を留めている。大いなるものへの畏れと敬いとともに、教祖は、教祖自らの存在が無に等しいことを告白する。人間は小さきものであるという絶対的な確信がある。そこには異なる信仰はあっても、自らを他者と峻別《しゅんべつ》するための教義は、まだ生まれていない。池田は、原宗教を否定しない。しかし、現代の宗教は、原宗教を忘れたことも見過ごさない。

死から復活することも、突然生を宿すことも、そう信じられてその宇宙となったキリスト教は、自殺を禁じることでやがて権力と化したが、自殺した意識が自殺し得たのかどうかは、もはや審判を越えた永遠の課題だろう。宗教は、いつも何かを隠蔽する。（『オン！』）

この一節は痛烈な「宗教」批判だが、これほど原宗教に接近して語られた言葉もまた稀有である。

自殺を禁じることで、キリスト教が権力と化した歴史は、たしかにある。しかし、キリスト教は「死から復活することも、突然生を宿すことも、そう信じられてその宇宙となった」とも池田はいう。彼女は、キリストを否定しない。むしろ、キリストの懐胎もその復活も、そのままに信じ得ると考える。そればかりか、キリストに無私の信仰を捧げる人々の営みが、宇宙を現前させるという。「宇宙」と池田がいうとき、そこに開かれるのは、天文学の対象となる可視的存在ではない。それは外的にどこまでも広がるように、内的にもまた開かれてゆく、創造的次元を意味する。そこに、計測可能な時間は流れていない。過ぎ行かない「時」だけがある。先の引用に、次の一節を重ねてみる。池田晶子の魂が見つめていた宗教が、まざまざと感じられるだろう。

もしも宗教が、ただ「阿片」であり、「偽善」であり、「超越的」であるだけだったなら、なぜ二千年ものあいだ、人類のこころを捉えていることができたろう。なぜ私たちの感受性は、あのような繊細さ、あのような高みにまで至ることができたろう。

（『事象そのものへ！』）

真に宗教と呼ぶべき何かに出会うために、私たちは現代の「宗教」から一歩外へ踏み出さなければならない。「宗教」もまた、「知識人」によって領されている。イエスに出会うためには、教会の外へ出て行かなくてはならない。釈尊の姿を求めるものは、寺院を後にしなくてはならない。次の一節は、池田晶子の哲学的信仰宣言、「考える」マニフェストだといってよい。彼女が「考える」ことに感じていた神聖と静謐、さらにとめどなき力動性が感じられる。少し長くなるがそのまま引く。

私は、信仰はもっていないが、確信はもっている。それは、信じることなく考えるからである。私は考えるからである。宇宙と自分の相関について、信じてしまうことなく考え続けているからである。救済なんぞ問題ではない。なぜなら、救済という言い方で何が言われているのかを考えることのほうが、先のはずだからである。人類はそこのところをずうーっと、あべこべに考えてきたのだ。これは、驚くべき勘違いである。〔中略〕
新しき宗教性は、だから、いまや「宗教」という言葉で呼ばれるべきではない。それは「宗－教」ではない。教祖も教団も教理も要らない、それは信仰ではない。それは、最初から最後までひとりっきりで考え、られるし、また考える、べき性質のものなのだ。だからその新たなる名称は、
垂直性孤絶性、とか
凝縮的透明性、とか
そんなふうな響きをもった、何を隠そうその名は、「哲学」なのである。
(『残酷人生論』)

「宗教」から真理を奪還するもの、あるいは、「宗教」が宗教に立ち返ることを促すもの、池田晶子は、その営みを哲学と呼んだ。それは、研究や学習する対象である前に、生きられねばならないものである。生きることと感じることが、あるいは感じることと考えることが不可分であること、それが彼女にとっての哲学だった。池田晶子

は、哲学の道を指差し、その地点まで読者を立ち返らせようとする。

七

思い出すということ

何をいえば世を驚かせ、自らを表現できるかと、多くの「知識人」たちが頭を悩ませているなか、池田晶子は独り、いかに無私を得て、コトバの顕われを準備するかを考えていた。「生活のためとか自己顕示とか、そういったことは私の場合は書く理由にはならない」、むしろ自分の場合、生活のためなら書くという仕事は適さない。もっと「割のいい仕事」がほかにある。自己主張や「意見表明を表現の原動力としている人は多いが、そんなものが言葉《ロゴス》の正確さと両立するわけがない」、だが、それでも書くのは「言葉＝存在の側からの促しを時に受けるからで、それ以外には、この世でものを書く理由など、少なくとも私には存在しない」（『ロゴスに訊け』）と池田はいう。

書き手が死んでからでも本は出る、との言葉を残しているだけあって、彼女の著作は全部で三十余冊を数えるが、没後に刊行された書物も複数ある。頁に刻まれた分量を見るだけでも池田が、ほとんど休むことなき書き手だったことが分かる。だが、彼女は一度ならず、「本当は私は何もしたくない。文章を書くどころか、一言一句発したくない」、と記したこともあった。

彼女にとって「書く」とは、日常生活とはまったく別な次元の営みだった。書き手にもとめられているのは、自分を顕わすことより、言葉が顕われる場になることだ、というのである。自分が言葉を書くのではない。言葉が自分を用いるのである、それが彼女のもう一つの「日常」の経験だった。「精神もしくは自己の方こそ言語にとっての道具なのであって、その逆ではないと知ること、これが、本当の人が書く理由である」（『ロゴスに訊け』）と池田は書く。

そういいながら彼女は、単に不満を述べているのではない。字面どおりなら、「書く」のを止めたいなら、止めればよい。彼女の本意は、読者の注意を転換させることにある。書き手である自分から、書かれた言葉へと読者の眼を引きつけようとしている。言葉とは、ふれ得る何ものかであることを知らせることこそ、哲学の使命であると池田は考えた。それは、この一節は何を根拠に語っているのかと尋ねられ、ためらうことなく「神霊《ダイモン》」が語るのだ、と応えたソクラテスを思わせる。

ソクラテスはいつも、内心にある「声」を聴いていた。その声はいつも、何かをしてはならない、と禁止の命令を伝える。神を冒瀆し、若者を誤った道に導いたとして、ソクラテスは死刑を宣告される。その裁判での弁明を、のちにプラトンが再現したのが、『ソクラテスの弁明』として知られる対話篇である。極刑か否かを決める裁判の場でも、ソクラテスは聴衆に向かって、内なるダイモンの実情を生々しく語った。

「ソクラテスは不正を犯している。若者たちを堕落させ、かつ、ポリスが信ずる神々を信ぜず、別な新奇な神霊《ダイモーン》のようなものを信ずるがゆえに。」

（『ソクラテスの弁明』納富信留訳）

告発はこんなものでしたが、その内容について一点ずつ吟味していきましょう。

公判の場でソクラテスは、こう高らかにいい、「弁明」を始めた。ここでの「弁明」は、ほとんど信仰告白に近い。ソクラテスにとって「弁明」が「弁解」ではないことは、収監されたあと、誤りを認めさえすれば、暗黙の了解として「脱獄」が可能だった彼が、自ら毒杯を仰ぎ、死に臨んだことが証明している。彼にとって、生きることの代償として、「神霊」を語る言葉を否定することは、むしろ、これまで生かされてきたことを否定することだった。先の言葉の前にソクラテスは、「皆さん、真実を語るのは恥ずかしいのですが、でも、語らねばなりません」といい、自らが「語る」言葉の源泉が何であるのかを吐露する。

私は今度も、短い間で詩人たちについて次のことが分かりました。つまり、彼らは知恵によって作品を作っているのではなく、なんらかの資質によって、ちょうど予言者や神託を受ける巫女《みこ》のように、神懸《かみが》かりでやっているのだと。そういった神の僕《しもべ》たちは、多くの立派なことを語っていても自分が語っている内容を何一つ知ってはいないのですが、詩人たちもまた、なにかこのような状態にあることが私には明らかになりました。同時に、その人たちが詩を制作しているがゆえに、他の事柄についても、本当は知らないのに人間の中でもっとも知恵があると思いこんでいることに気づいたのです。

（『ソクラテスの弁明』）

ソクラテスは、一行も文章を残していない。彼は自分が発した言葉を残そうなどと思わなかった。彼には、自分に宿っている何ものかが、言葉では書き記すことのできない実在であることが、あまりにはっきりと感じられていた。だが、彼は獄にあったとき音楽を作ろうとする。夢で「ダイモン」が、それを彼に命じたのだった。

「ダイモン」のコトバは、言語によって語ることはできないとしても、音楽には可能性が残されていたかもしれない、と死を前にしてソクラテスは考える。それまでも同様の促しはあったが、言葉による哲学に、音楽が勝るとは考えられなかった。彼は、これまで言語で語ることに力を注ぎ、音楽を作ることに労力を割かなかったことを悔やむ。このソクラテスの思索は、今日の私たちにも、コトバとは何かを考えるとき、重要な示唆となっている。また、考えるとはいかなる営みか、あるいは真理はどのような道程をへて開示され得るかを見るときも、私たちの視座を大きく広げてくれる。

真理はどこにあるのか。『14歳からの哲学』で、池田晶子はこう記している。

真理は、君がそれについて考えている謎としての真理は、いいかい、他でもない、君自身なんだ。君が、真理なんだ。はっきりと思い出すために、しっかりと感じ、そして、考えるんだ。

「はっきりと思い出すために、しっかりと感じ、そして、考えるんだ」との一節からも明らかな通り、池田にとって「考える」とは、単に頭脳を働かすことではなく、存在を全身で感じ、「真理」と彼女が呼ぶ実在と交わることだった。そして彼女は、真理とは、私たちが存在していることそれ自体に潜んでいるという。

君を救うのは君だ、君は、君が真理を携え、現われるのを待つ人のために、自分自身を絶望の底から救いあげなくてはならない――池田晶子の本を開くと、どこからも、そんな彼女の声が聞こえてくる。考える、それは池田晶子にとって、ときに祈ることと同義である。ただ、ここでの「祈り」とは、私たちが自らの願いを超越者に願うことではない。むしろ、私たちが無私のうちに、超越からの沈黙の声を聞くことである。

人間が画家であるとき、描くことはすべての営みにおいて優先する。画家にとって

「描く」とは、池田がいう考えることにほかならない。演奏家が楽器を奏でるとき、あるいは彫刻家が彫るときの営みも、池田晶子の言葉でいえば「考える」ということになる。それは、創り出すことであるよりは発見の営みであり、また、もっとも高次な意味における再現の営みだともいえる。「思い出すことから、考え始めよう」（『14歳からの哲学』）とも池田は書いている。彼女にとって「考える」とは、「思い出す」ことだった。すでに知っている内在する真実を、まざまざと思い出すこと、それが生きることだった。

「悩むな、考えろ」と再三にわたって池田は書く。悩みから解放されたいと思うなら、悩むことをやめて、考えよう、という。池田にとって悩むことは、考えることの対極にある。考えるとき、人はどこまでも創造的に想像力を用いることができるが、悩むとき、人はむしろ創造性を見失ってしまう。

考えることは、悩むことではない

世の人、決定的に、ここを間違えている。人が悩むのは、きちんと考えていないからにほかならず、きちんと考えることができるなら、人が悩むということなど、じつはあり得ないのである。なぜなら、悩むよりも先に、悩まれている事柄の「何であるか」、が考えられていなければならないからである。「わからないこと」を悩むことはできない。「わからないこと」は考えられるべきである。ところで、「人生いかに生くべきか」と悩んでいるあなた、あなたは人生の何をわかっていると思って悩んでいるのですか。

（『残酷人生論』）

「考える」ことができていない、と彼女は読者を責めているのではない。むしろ、考えている自分を、悩んでいるなどとおとしめることはやめようではないか、というのである。人生のほとんどの時間、私たちは「考え」、感じている。だが、どこからか、もっと悩め、悩む力を育てろ、などという無責任な声がする。

悩むとは、実は悩みから離れまいとする営みであることを、悩む人は忘れている。悩むとき、人は「考える」糸口を見失う。悩むとき、私たちはしばしば不条理な孤独に襲われる。しかし、考えるときはまったく違う。ときに私たちは、自己を含む万物を味方にするように感じられる。また池田は、どう生きるかよりも、生きるとは何かを考えよう、と問いかける。

生きるとは何かという問いに、彼女は答えない。そもそも答えなどない、ただ問うこと、考えることが重要なのだと繰り返す。

外部に解答を見つけようとする性急な人々に、彼女は穏やかに方向転換を促す。問いの外に出ようとするのではなく、問いの深みに生きる道があることを示そうとする。

問いがあって答えを見つけるのではなく、私たちがもともと真実のなかに生きていて、問うとは真実との交わりにほかならないことを伝えようとする。「宇宙を思索する魂は、想うことによって想われるものでもある。それはまったく、不思議な愉悦の時間である」(『あたりまえなことばかり』)と池田は書いている。問うとは、超越に向かって声を放つことであり、応えとは、それが虚空に響きわたることである。このとき「哲学」は、万物の共鳴と共振を全身で感じる営みとなる。

「哲学」とは、書物に記された論理ではなく、むしろ「考える行為そのもの」だ、と池田はいう。彼女の言葉通りなら、真に哲学と呼ぶに値するものがあるなら、それは高邁なる回答者であるよりも、私たちを真理へと導く随伴者でなくてはならない。だが、今日の日本における「哲学」の事情はどうだろう。思想家、あるいは哲学者と呼ばれる人々の多くは、問いかけることよりも、回答することに懸命になってはいないだろうか。問いにおいては沈黙し、むしろ、多弁を弄して問いが顕現することを封じようとしているようにすら感じられる。

考える行為そのものを「哲学」と言い、考えた結果、表現された言葉の側を「思想」と言ってもいいかもしれない。このために、誰かが自ら考えた結果としての言葉を繰り返しているだけで、その人は自分が哲学している気分になりがちですが、そんなのはインチキで、ただ思想を取って付けただけだということです。

（『暮らしの哲学』）

誰かがあつらえた「哲学」らしきものや、一部の人々が自分たちの権益を守るために作り上げた「思想」もどきのものの前に、自己のかけがえのない経験を投げ出す必要などない。真の哲学は、いつも普遍を志向する。しかし、けっして固有性を否定はしない。むしろ、何ものにも代えがたい存在として、個々の魂に尊厳を認める。だが、しばしば、それと正反対の出来事を、私たちは「主義」をめぐって、あるいは「宗教」をめぐって、経験しているのではないだろうか。それらは個の独立をときながら、組織への、あるいは人間がつくった規律への従順を求める。

どんなに未熟な実感だと思われたとしても、私たちは自己の経験という地点を離れてはならない。同じ人間は一人としていない。個々の人間の生涯には、誰もかいま見たことのない世界が開かれている。世界に同じ花は存在しない。誰の眼にも同じように見える花など存在しない。花は、私たち一人一人に見つめられるのを待っている。「哲学」とは、地に咲く叡知の花であり、「思想」とはそれを描いた絵画だともいえる。ここでの「画」は、画餅《がべい》というときのそれではない。むしろ、画家たちによって奇跡的に写し取られた、実在界から差し込む存在の光である。

答えを見つける、と私たちはほとんど無意識的にいったりするが、すでに私たちが答えの中にいるとしたら、どうなるだろう。また、答えを導き出すとはいうが、答えを作り出すとはいわない。「こたえ」は、答えであるより、応えと書く方が、日常の経験には合致しているように思われる。私たちが生きてゆく上で真に必要なのは、模範解答のような造られた答えではなく、存在の根源から静かに照らし出されることではないだろうか。

だが、応答は、必ずしも私たちが予期しているような形で訪れるとは限らない。むしろ、それをしばしば「裏切る」のである。ただし、それはいつも創造的に「裏切る」。

何かに襲われたような毎日だった。さまざまな出来事が、公私を問わず、文字通り一気に襲ってきた。当時私は、企業内ベンチャーで起業し、代表者をつとめていた会社を倒産寸前にまで追い込み、どうにも取ることのできない責任の重さに苦しんでいた。同じ時期に、そんな日々を支えてくれた妻に、すでにリンパ節に転移している癌が見つかった。会社からは烈しい降格を告げられ、医師からは、彼女の病状に関する厳しい宣告があった。

そんな日々のなか、残務整理をしていたときだった。朝、出勤して一時間ほど経っていたと思う。何か強い力に衝き動かされるようにして事務所を飛び出した。「どこへ行くんですか」と同僚に聞かれ、「少し……」といったのは覚えている。尋ねた方も、おそらく血相を変えた私の姿に驚いていたに違いない。行き先を告げなかったのではない。告げられなかったのである。

逃げ出したのだから、自分でも、どこへ向かうか分からなかった。あのときなぜ、上野の国立西洋美術館に向かったのか、今でもわからない。日頃からこの美術館に通っていたわけでも、特別な展覧会があったのでもない。

広い美術館に人はまばらで、それぞれの展示室はほとんど「貸切」のような状態で見ることができた。ある絵の前まできて、ようやく足が止まった。「止まった」という表現がふさわしい。この地点に来るまで、自分の意思などなかった。このとき出会ったのが、ゴッホが描いた一枚の花の絵だった。題名は今でも分からない。ただ、縦長の長方形の大きな絵で、濃い紺色の花が描かれていたのを覚えている。

絵を見る。はじめは、豊かに花をつけた背の高い植物が認識されるが、見つづけていると、まるで違った風景が「見えて」くる。絵と私に、ある空間だけが残って、それ以外のものはほとんどかたちを留めていないように感じられた。絵を扉に、向こうの世界にはまったく異なる光景が開けていたのを、鮮明に覚えている。

もし、あの絵を見ることがなければ、その後の人生はずいぶん変わっていたのではないか、と今でも危ぶむことがある。誰の人生にも、何度か危機がある。だが、それは振り返ってのことで、危機にある者は、自分が危機にあることの自覚がない。それゆえに危機なのだともいえる。危険にさらされていることを知る者は、それを回避しようとする。もう数歩進めば、断崖であることを知れば、自ずと足は止まるだろう。危機は、止まろうとしないがゆえに危機なのである。

危機は、それを認識し得ない者に忍びよる。危機に気が付いたとき、危なかったと過去形でいうのは、そうした経験が日常的に潜んでいることを示している。

このときも、自分が危機にあることを感じていなかった。傍目にはそう見えていたとしても、自分ではそう感じられてはいなかった。生活の労苦、状況の逼迫《ひっぱく》は、人間の肉体だけでなく、精神を蝕むことがある。魂を飢えさせることがある。飢える、と書くのは、一枚の絵によって充たされたあのときの経験が、鮮やかに思い出されるからである。飢えているとき、人はしばしば何に飢えているのかを知らない。充たされるべきものを知らないまま、充たしてくれる何かを求めるところに、悲劇が伏在している。飢えは充たされなくてはならない。飢えていたことが身に染みて感じられるのは、渇望しているときよりも、真にそれが充たされたときである。

このとき、何かに引きまわされるように絵の前に佇んだのは、絵に伏在する何ものかが、私の中で枯渇していたからだろう。絵画を構成する、不可視なコトバを「食べた」、文字通り糧を身に取り込んだ、と思った。

色と線、そして構図からなる一枚の絵が、ほとんど飢餓寸前だった魂に糧を注ぎ込む。あるいは、絵画が窓になって、そこから吹き込む息吹にふれたように感じた。絶壁に立っていた私を、「風」が押し返す。この文章を書きながら、イスラーム神秘哲学では、超越者の働きを「慈愛の息吹」といい、キリスト教ではそれを、「風」を意味する「プネウマ〔pneuma〕」と呼び、やはり「霊の息吹」というのを、いまさらながらに思い返している。

美術館を出て、しばらく歩く。眼に映る木々は、美術館に入る前とまったく同じなのだが、内なる光景がまったく違って感じられたのを、今もはっきりと覚えている。もう一つの次元が開かれた、と思った。池田晶子がいう「考える」ということをめぐって、この章を始めた。今も、依然、その主題のなかにいる。池田が「考える」と書くのを見ると、私は危機のなか、ゴッホの絵に救い出された経験を、幾度となく思い返さずにはいられない。考えるとは真理と交わることである、と池田はいう。それが実感されたとき、私たちは思わず「わかった」と過去形でつぶやく。

「わかる」の経験において、自他の区別は消失する。それは、対象が言語に表出された感情や観念である場合に限らない。未《いま》だ言語に表出されていない、すなわちまさしく「わからない」事柄を、「わかろう」とする動き、これが可能なのは、それを「わかる」と思っているから以外ではない。

（『ロゴスに訊け』）

「わかる」経験が自他の区別を消滅させるのではなく、自他の区別が消滅したところでのみ、「わかる」という出来事は生起する。「自分ではない他人をわかろう、この想像的努力のまたの名は、ほかでもない、愛である。愛のない人にはわからない、愛のない人が、わかっている以上のことをわかることはあり得ない」（『残酷人生論』）。相手の考えていることが「わかる」、これが「愛」の原型ではないか、とも池田は書いている。あるいは「わかろう」とするとき、そこに「愛」が芽生えるのを感じないか、と問いかける。

「悩んで」はならない、それは「わかろう」とすることを阻害する。「悩む」とき、私たちは、他者だけではなく、自己を「わかろう」とすることを諦めてしまう。あのゴッホの絵を見るまでの短くない期間、私は「悩み」のなかにあった。他者との関係を一方的に拒んでいた。誰も自分を「わかって」はくれないと思い込んでいた。

一方、「考える」とは、自己を無限に向かって開くことである。考えるとは、無数の他者とつながることである。また、自分自身とのつながりを回復する営みでもある。考えるとは、自分を分かろうとする営みである。

誰にとっても、自己は永遠の謎である。人は誰も、まず自分によって「わかろう」

とされなくてはならない。誰もが自分によって、最初に愛されなくてはならない。そのことを、私たちは「考える」なかで確認する。自分とは、文字通り自己を分かりつつある状態を意味する。

真理は遍在する。だから、それは必ずしも言語によって開示されるとは限らない。色彩や旋律、あるいは衝撃、また静かなまなざしや光の「応え」として経験される。私たちがしばしば、考えの果て、言語の論理の彼方に光を発見するのはそのためだ。また、考える先に答えなどないことを予感しながら、そこに満たされた「応え」を全身で認識する。解答はない。ただ、応答だけがある。

悩むとき、人は自分という小さな意識のなかに閉じ込められている。だが、考えるとき、私たちは魂として生きている。魂としてあることを実感する。それを私たちは、「幸福」と呼んできたのではなかっただろうか。「われわれの幸福は、そう思っているよりも、はるかに深くあり得ることを、われわれは忘れているのではなかろうか」（『あたりまえなことばかり』）と池田はいう。

幸福を見つけるために、私たちがまず突き破らなくてはならないのは、何ものかに作られた幸福という概念、あるいはいつの間にか自分で作り上げてしまった幸福の条件である。幸福は、条件を必要としない。それはすでに与えられていて、人間によって見出されるのを待っている。

苦しみや悲しみをも、不可解な何ものかから届けられたある感情として味わうなら、それは、幸福という単純さではなく、畏怖とか法悦とか呼ぶほうがふさわしいような種類の経験であるはずだ。

それはまた自ずから、自身の運命といったようなものに想いを巡らすことへも導くだろう。定められた運命への諦観ではない。切り開くべき運命への努力でもない。運命について想い巡らせているまさにそこに現われているその運命を、自身の現われとして魂は味わうのである。

（『あたりまえなことばかり』）

幸福は実現するものではない。深く味わうものである。幸福は、ときに苦難や悲しみの姿をして訪れる。それは不可知なものからの恩寵である。そのことを、私たちはどこかで感じながら生きている。

生きる意味を「味わう」のは魂である。味わわれるものは、どこからかやってくる。魂は、それを静かに受け容れる。考えるのもまた、魂の営みである。考える、あるいは、味わう、それは魂に生起する同質の営みを呼ぶ、二つの異なる名である。

八

内語の秘密

十八世紀フランス古典派を代表する画家、ジャック゠ルイ・ダヴィッドが描いた「ソクラテスの死」と題する絵がある。倫理の教科書などにしばしば掲載されている作品で、目にすれば、知っている、と声に出す人も少なくないはずの一枚である。そこには公衆の面前での「弁明」が終わって死刑判決がくだった、獄中でのソクラテスが、最後の別れを告げに訪れる弟子や仲間たちの姿と共に描かれている。

当時の処刑は毒を飲むという方法で行なわれた。中心にいるソクラテスは、毒杯に片方の手をかけようとし、もう一方の手では天を指差すようなしぐさをしている。それればかりか、口元を見ると何かを話しているようなのである。こんなときにもソクラテスは対話をやめようとしない。

弟子たちは、師が死のうとするのを止めるのに必死で、ソクラテスの言葉を聞いていない。あるいは、聞こえてこない。弟子たちは、師を失った自分を思うことでいっぱいで、ソクラテスがどこへ向かおうとしているのかを見ることができない。弟子たちは悲しみに暮れ、うつむき、現実を直視できない。ある者は手で顔を覆い、ある者は地面を眺め、また嘆き合っている。さらには、師の最後に立ち合うことに耐えられないのか、獄から去って行こうとする人々もいる。

弟子たちは、懸命にソクラテスを説得していたのである。ひとたび死刑判決は下ったものの、ソクラテスが自説を撤回しさえすれば、減刑され、釈放される道が残されていたのだった。裁いた側もむしろそれを望んでいた。彼らもまた、殉教者の誕生を恐れたのである。そうした魂は、死後も生きて人々に働きかけることを、為政者たちは熟知していた。だが、ソクラテスには、処刑という不可避的な形で迫りくる死が、この世での生を完成させるという自覚が強くあった。

この絵画に描かれた光景は、プラトンの対話篇『パイドン』に基づく。プラトンの作品の多くには、副題が付されている。『パイドン』には、「魂について」とある。訳者である岩田靖夫は、論旨を明確にするために「魂の不死について」とした、と書いている。肉体は滅ぶ、しかし魂は滅びない。それが、ソクラテスの存在論の基底をなしている。

『パイドン』の終わり、いよいよ毒杯を飲もうとするとき、おもむろにソクラテスは、生きるとは「魂の世話をすること」である、ともらす。魂が育てば、肉体はその役割を終える、とでもいわんばかりに彼は、自らの生の終焉に、死を体現することで生を「定義」してみせる。プラトンによる対話篇中でのソクラテスは、「定義」の重要性を説いてやまなかった。しかし彼は、定義は言語によって行なわれなければならない、と限定したわけではなかった。

死別はソクラテスにとって、悲しむべきことには違いないが、絶望に結びつく出来事ではなかった。死とは肉体との別れだったが、この世との決別ではない。死は、新生と同義だった。それればかりか、死を経た者は、生者であったこととは別な存在のしかたで、この世界との関係を取り結ぶ。

池田晶子にとって、ソクラテスとプラトンは特別な存在だった。現在、『無敵のソクラテス』と題を改め一冊にまとめられている、ソクラテスを主たる語り手とする対話篇は、かつては三冊の異なる著作だった。これらの作品群が、池田晶子の名前を知る契機だった人も少なくないだろう。先にもその一節を引いたが、これを書くことで池田は、文字通りの意味で、ソクラテスを現代によみがえらせようとしている。

「小林秀雄への手紙」と題する作品が、池田には複数ある。小林秀雄論でもある

『新・考えるヒント』に収められた同名の作品で彼女は、ソクラテスを登場人物とする対話篇を書いていたときの自分を、次のように語っている。「ロゴスの人ソクラテスが次に何を言うのかは、どうもあらかじめ決まっているようなのです。むろん創作といえば創作ですが、ロゴスそのものは私が創作したものではない。そのへんの案配が、この哲学の文章を書くということの面白さですね。非人称と人称の間に文体が現われるのは、まさにそれが魂だからでしょう」。

書いているのは自分だが、語っているのはロゴスであり、まざまざと顕われてくるのは、ソクラテスという一個の魂である、と池田はいうのである。また、魂を感じるのは魂である以上、彼女はこの作品を書くとき、自らもまた魂として存在していることを自覚せざるを得ない。

そうはいっても、この感覚が容易に受け入れられないことを、彼女は知っている。だから、すでに死者となった小林秀雄への手紙に、内心を告白するように、彼女は思いを綴ったのである。事実、読者は多かったが、皆、池田晶子という異才の登場に目を奪われ、ソクラテスの顕われを直観する者は、ほとんどいなかった。

だが、まったくいなかったわけではない。あるとき、一人の読者が池田に手紙を送ってきた。そこにはこの作品をめぐって、次のように記されていた。「『帰ってきたソクラテス』『悪妻に訊け』も、あわせて読ませていただきました。大変おもしろく、『そうであったのだ』と気付かせていただいた思いです。ソクラテスその人に会え、又、私の中にも、その理念が生き始めた思いです」。この一節を池田はどのような思いで読んだだろう。「ソクラテスその人に会え」とそのままに書かれた言葉は、彼女の胸を貫かずにはいなかっただろう。優れた書物は、いつも「一人」の読者に出会うことを待ち望んでいる。そこに書かれた言葉を丸ごと引き受け、それを生きてくれる者との邂逅を希っている。この手紙を書いた人物こそ、のちに池田晶子と往復書簡『死と生きる』をつくる睦田真志《むつだしんじ》である。先の手紙を書いたとき、彼はすでに二人を殺害したことによる罪で死刑判決を受け、東京拘置所にいた。

ソクラテスばかりではなく、プラトンにも、彼女は讃辞を惜しまない。「哲学の物書きとして、私が最も尊敬しているのはやはりプラトンで、『書く』ということについて彼ほど自覚的だった哲学者は他にはいない」（『ロゴスに訊け』）と池田は書いている。ソクラテスは文字を書き残さなかった。彼の著作は存在しない。プラトンがいなければ、後世の人はソクラテスに蔵されていた哲学を知ることはなかった。

プラトンの生涯とは、究極の哲学は書き得ないということを、師ソクラテスから継承するところに始まった。その点においてプラトンはソクラテスの正統なる後継者である。だが、その一歩先は大きく異なる。プラトンは書き尽くすことができないからこそ、書かねばならないという地平に出てしまう。彼女がわざわざ括弧に入れた「書く」とは、どういった営みなのか。池田はこう続けている。

書けないことをこそ書いてみたい。書けないとわかっているからこそ書いてみたいというこれは、存在と言葉の逆説的関係を自覚している者にとっては、業ともいえる欲望であろう。「究極の一冊」に書かれているのは、存在そのもの、もしくは無である。

（『ロゴスに訊け』）

究極の哲学は、言葉で記すことはできない、ある人物に手紙〔「第七書簡」〕でそう書き送ったのはプラトン自身である。池田晶子がプラトンに出会ったのも、この場所である。書くとは、書き尽くせないものを浮かび上がらせる営為にほかならないと信じた点で、池田晶子はプラトンの血脈を継いでいる。池田のいう「書く」はすでに、文字通りに言語を紙に書き記すことだけを指しているのではないだろう。ソクラテスにとって体現することが、重要な「定義」の方法だったように、池田にとって「書く」とは、生きることとの異名だった。

先に見た、「書く」ことにおいてプラトンほど自覚的だった者はいない、との一節にあった「書く」を、「生きる」に置き換えてみると、哲学者として、「私が最も尊敬しているのはやはりプラトンで、『生きる』ということについて彼ほど自覚的だった哲学者は他にはいない」となる。

この言葉を受けながら、次のプラトンの『パイドロス』の一節を読んでみたい。この一節を池田晶子は、そのまま自身のプラトン論に引いている（『考える人』）。前章にも記したように、こうしたときの引用は、本人が書いた文章よりも、引用者の魂の実感をいっそう如実に物語る。

その言葉というのは、自分自身のみならず、これを植えつけた人をもたすけるだけの力をもった言葉であり、また、実を結ばぬまま枯れてしまうこともなく、一つの種子を含んでいて、その種子からは、また新たなる言葉が新たなる心の中に生れ、かくてつねにそのいのちを不滅のままに保つことができるのだ。そして、

このような言葉を身につけている人は、人間の身に可能なかぎりの最大の幸福を、この言葉の力によってかちうるのである

（『パイドロス』藤沢令夫訳）

言葉が宿る。それが真にいのちを帯びるとき、言葉を宿した者だけでなく、言葉を「植えつけた」人間をも救う、というのである。ここでの「言葉」を「祈り」に換えると、いっそう実感が伴いやすくなるかもしれない。祈りが真実の意味で成就するとき、祈られた対象だけでなく、祈った者をも救うというのである。プラトンにとって対話篇を書くとは、はじめから単なる自己表現で終わるはずのない挑戦だった。だが、それは、師ソクラテスの思想の継承に終始するのでもなかった。師の言葉を「書く」とは、亡き師を「助ける」営みだったのである。

「助け」の働きは連鎖し、次の救いの種となる。言葉は次々と人間に宿り、そのいのちは滅びることがない。人間もまた、「人間の身に可能なかぎりの最大の幸福を、この言葉の力によってかちうるのである」。これはプラトンだけでなく、それを引く池田晶子の実感だったろう。プラトンに、言葉を「植えつけた人」は、ソクラテスだった。池田晶子に同じことを伝えたのはプラトンだった。「プラトンはソクラテスの処

刑に出合わなければ、やはり書かなかったのではないだろうか」と池田はいう。そして「この疑念を想像の中で折に触れ転がすことを私は楽しむ」（『ロゴスに訊け』）と続けている。

彼女の「想像」は、ソクラテスが「弁明」を行なっている場所にまで届いている。池田晶子における「想像」の定義とは、「理性とは逆のベクトルをもつ精神の機能」であり、「論理」ではなく「物語」を把捉する力でもある。「想像」の力は、論理の彼方に「物語」を発見する。

死者
死体の謂ではない
生存ではない存在形式において存在する者
つまり異界の者
の思い為すこと、それが物語である
死者の思い為しを生者は生きている

死者に思われて生者は生きている
したがって、生存とはそのような物語なのである

（『リマーク1997-2007』）

生存が物語であるとは、それを生きる人間が主体ではないことを指している。コトバが物語をあらしめているように、人間を、あるいは存在界自体をあらしめている働きがある。その働きは、人間が定める生死の境を越えて働く。

さらに生存が、肉体を伴って存在することの定義であるなら、死者は生存していない。しかし、実在する。さらに彼女は、生者とは「死者の思い為しを」生きる者であり、「死者に思われ」ることによって生きる者である、ともいう。これは池田の思索の結果であるよりも、彼女の日常の経験だった。池田にとって生きるとは、死者の「思い為し」の発見であり、それとの対話だったといってよい。

「人間は宿りである」（『新・考えるヒント』）と、池田晶子は書く。人間とは何ものかが宿る場である、というのが池田晶子の存在論であり生命論だった。そうした池田晶子の死者観を感じながら、次の一節を読んでみたい。

ソクラテスは、死においていっさいの姿をあらわしたのだ。プラトンは、もはやただ彼ひとりでいるのではなかった。彼はみずからの内部に、自分と反対なる者をいつもたずさえることになった。爾後《じご》長年にわたって、彼は、この反対者と——プラトン自身よりははるかにプラトンでありつづけたこの反対者と、ひそかに語り合ったのだ。

（『プラトンに関する十一章』森進一訳）

これは池田晶子の文章ではない。フランスの哲学者アランのプラトン論にある一節である。ここには、『リマーク1997-2007』にあった池田の告白と同質の経験が記されている。なぜ、突然アランを持ちだすのかと訝《いぶか》らないでいただきたい。池田は、アランの言葉を引く事は多くはないが、この先達への信頼は深かったのである。「アカデミズムを嫌う市井の哲人として、文章が素晴らしい。『考える』ことと『書く』こと、すなわち形式と内容との完璧な一致。〔中略〕時事から入って本質もしくは人生を開示するそのスタイルは、後進として遥か高く仰ぐところ」（『無敵のソクラテス』）と彼女は書いている。「考える」ことと「書く」ことを通じて生と存在が一致し得ることを体現する者、との評価を池田から贈られた人物は、現代哲学者では多くない。

プラトンは生涯を賭してソクラテスの言葉を残そうとした。プラトンの対話篇とは、彼と、内なる語り手であるソクラテスとの対話にほかならない。プラトンにとって「書く」とは、単に自らの意見を表明することではなかった。むしろ、己れが語ろうとすることを鎮め、何ものかが浮かび上がるのを待ち、その姿を言葉に刻むことだった。彼にとって「書く」とは、亡きソクラテスの「口」となることだった。

そうしたプラトンの生きる態度に、池田は深い信頼を感じている。彼女もまた、アランが感じていたように、哲学の祖であるこの師弟を、一人格のように感じている。過ぎ行く時間の世界では、別な二人の人間として存在した者が、過ぎ行かない「時」の世界では一人格として存在する。すでに亡き者であるはずのソクラテスが、プラトンに語りかける。プラトンは、その言葉をできる限り忠実に再現する。

プラトンにとってソクラテスは、いつも「反対者」だった、とアランはいう。だが、ここでの「反対」とは、何かを妨げることを意味しない。ダイモンはいつも禁止の声をもってソクラテスのもとを訪れたように、ダイモンとなったソクラテスもまた、プラトンの前では誠実なる「反対者」だったことを示しているに過ぎない。高次の応答、それをアランは「反対」と称し、読者の関心を喚起するのである。

「反対者」はときに「プラトン自身よりはるかにプラトンでありつづけた」とアランはいう。死者は、ときに生者自身よりも生者に近い。生者は自己を見失うことがあるが、死者は生者の魂から決して目を離さない。そして、密やかなる対話を促す者、呼びかける主体でもある。アランは先の一節とは別なところで、死者をめぐって次のような言葉を残している。

私たち生者は物質にほかならないのに、彼ら死者たちは精神にほかならない。つまり、私たちがもっていたいと願う美徳、私たちの肉体が多くの偶然に支配されるため風のなかの灯のように消滅させてしまう美徳を、死者たちはぜんぶ所有していると私たちは考えるのである。死者たちもまたかつては私たちと同様だった。しかし彼らがこの世界の外に出て、弱点と病気と死から永久に解放されている今となっては、私たちは彼らの純粋な面影だけに再会する。

（『感情 情念 表徴』古賀照一訳）

死者は、純粋精神として存在する。つまり、肉体があるが故の業《ごう》からすでに自由になっている。むしろ、生者として存在していたときには抑えることの難しい業が、何ものかの働きによって美徳に転換されている。ここでアランが用いる「美徳」とは、プラトンが善性をもとめずにはいられない衝動と呼んだ、万人に遍在する働きである。プラトンの弟子アリストテレスはその働きをオレクシスとよび、宇宙はオレクシスに満ちているとまでいった。

死者は美徳の化身にほかならない、とアランはいう。死者に一切の悪を見ないアランの視座は、狭義のキリスト教と衝突しかねない。彼に従えば、人は、死者となることで地獄に堕ちることはなくなってしまう。アランの死者観は、教義には基づかない。彼自身の経験に根をはっている。そうした血肉化したコトバを、教義的には誤りだと批判されたところで、彼は己れの認識を改めるようなことはなかった。先と同じ文章で、アランはこう述べている。

死者たちは栄光のなかに聳え立ち、天国を黄金時代で満たす。これに比べれば地獄などは不自然である。地獄は生者たちに約束されるものだが、この約束は守られない。最悪の場合でも、死というものが地獄堕ちの予定者を消し去ってくれる。

（『感情 情念 表徴』古賀照一訳）

死者は裁かれない。裁きは生者の倫理である、という点においても、池田晶子は著しくアランに接近する。善悪の二元論、あるいは天界と奈落、救済と断罪といった、狭義の意味での「宗教」あるいは「教団」的な座標軸から、アランも池田もまったく自由に、それぞれの死者を語り強く呼応する。

また、二人にとって「自分」とは、自意識――ここでの「意識」には個的な無意識を含む――ではけっして完結し得ない存在だった。それはいつも、死者という「見えない」者を傍らにする、複層的な存在だった。池田はあるとき、死者となった小林秀雄への「書簡」に次のように書いた。「貴方のなかに、ひとつの名前に要約される何かの思想を、どうしても見つけたい人たちは、きっととても不安なのです。何ものでもないということが恐くて、何だかわからないということに耐えていられないのです」（『メタフィジカル・パンチ』）。

「自分」をめぐって池田は、次のようにも書いている。「人は、目に見えるものをのみ信じすぎる。他者とは目に見えるその個人であり、自分もまた目に見えるこの個人であると思い込んでいる」（『あたりまえなことばかり』）。自己とは、目に見える自分だけで構成されているのではない。むろんそれは他者も同じである。存在は万人においても多層的である。生者の邂逅とは、必然的に「見えない」者同士の出会いでもある。ダイモンたちは、生者を媒介にして出会うのである。

先に見たように、ソクラテスの言葉の源泉とは、内なる声であるダイモン（神霊）にほかならなかった。だが、そのことを私たちが知るのは、ダイモンの「口」になることを使命とする人としてのソクラテスを描き切った、プラトンの言葉によってである。プラトンもまた、ダイモンに魅せられた魂だった。「他人のダイモンを見ることができるとは、すでに、もうひとつのダイモンの所有である」、と池田晶子はいう。

他者の言葉に他者のダイモンを見る。それはそのまま自己のダイモンを見ることになる。プラトンの内心で起こっていたダイモンとの対話をかいま見ることとは、哲学が生まれる場所に立ち会うことになる。そこでの語りを池田は、「内的発語」あるいは「内語」という。はじめて池田が「内的発語」に言及したのは、処女作「存在の律動」においてだった。

未だ知られ得ざるもの。例えば、内的発語の不思議。誰が誰に語っているのか。
ことばはどこから紡ぎ出され、どこへと向かい、また何故その必要があるのか。
（『事象そのものへ！』）

「内的発語」の「内」とは、「外」あるいは「外部」の対義語ではなく、また空間的場所を示しているのでもない。しかし、池田には「内」としかいい得ない場所から生まれていることも強く実感されている。言葉はどこからともなく湧いてくる。それが何のために、また、どこから訪れるのかはわからない。だが、それを無視することは、どうしてもできない。それはいつの間にか、「内語」と記されるようになる。思索ノート『リマーク1997-2007』の最初のページを開くと、次の言葉が飛び込んでくる。彼女は、「内語」が言葉ですらない、何ものかであることに驚いている。書かれたのは処女作から六年後である。

〈内語〉
いったいこれは誰なのだ

これ——

（『リマーク1997-2007』）

ここに見るべきは、単なる表記の違いではない。経験的次元の差異である。「内語」の実相をめぐる経験は深まっている。深化しているからこそ、すでに名詞では示すことのできない何ものかであるというのである。そればかりか、「誰なのだ」と呼びかけるように記しているように、池田の「内語」もまた、ソクラテスのダイモンと同じく、コトバでありながら、人格をもった存在であることが、この一節から分かる。「内語」をめぐる池田の経験は変化していく。さまざまな機会において、「内語」が異なる「顔」を、彼女の前に顕わし始める。『リマーク1997-2007』の一節は一九九七年、以下の一節はそれから四年後に書かれている。

自分が自分に語りかけると、普通にわれわれは思っている。しかし、自分が自分に語りかけるとは、いったいどういうことなのだろうか。もしも自分が自分として完結しているのなら、そこに語りかけるという行為は発生しないはずである。

〔中略〕すると、内語は「誰に」語りかけられているのだろうか。
（『あたりまえなことばかり』）

人間とは言葉に用いられる器である、という確信が池田にはある。それは確信であるより、日々の実感だった。彼女にとって「書く」とは、言葉を用いた行為である前に、言葉によって用いられる経験だった。彼女が内心で「創造」の秘儀を実感したのは、書いているときであるとともに、コトバが彼女を通り過ぎるときだった。池田は「言葉の力」と題するエッセイで、生きる言葉にふれ、つぎのように記している。

人間が言葉を話しているのではない。言葉が人間によって話しているのだ。生涯に一度でも、この逆転した視点から、自分と宇宙を眺めてみるといい。人生とは言葉そのものなのだと、人は必ず気がつくはずなのだ。
（『死とは何か』）

語ろうとするとき、言葉は隠れてしまう。だが、流れる風に身をまかせるようにおのずからある場所に立つとき、コトバはその人を通じて世に顕われる。それは画家たちが風景を描くのに似ているかもしれない。風景画家たちは、風景という大いなる意味あるいはコトバが自らの魂を領したとき、絵筆をとった。画家たちの最初の創作とは、待つことだったのである。

池田における「書く」こともまた同じで、「書く」とは、彼女にとってコトバである死者に貫かれる経験を世界に刻むことにほかならなかったのである。

九

「私」とは考える精神である

最晩年に行なわれた講演で池田晶子は、魂の問題にふれながら、「人生の味わい」をめぐる発言を残している。

たぶん年齢的なこともあるのかなという気もしますね。四十半ばまで来まして、やっぱりいろいろありますし、人生の味わいというか……、そう味わいですね、味わいとしか言えないな。そういうものが非常に面白く感じられるようになってくると同時に、どうも魂の事柄を考えたくなってきたんです。

（『人生のほんとう』）

ここでは一言も記されていないが、味わうべき何ものかである、と池田がいっているのは、わが身とその生涯である。重要なのは言葉であって、わが身はその通路に過ぎないといったりもしていた。かつて池田は、そうした思いに変化が現われてくる。「味わい」を感じるのは、魂以外ではあり得ない、日増しに魂が身近に感じられ、魂を考えざるを得ない毎日を送っている、というのである。魂で味わう、というより、魂を味わう、と池田はいう。

かつて、世界に存在するのは、無数の魂ではなく、「世界霊魂」ともいうべき一なるものである、と考えた哲学者がいた。神秘哲学の巨星プロティノスである。

存在には、一者→叡知→霊魂→自然→質量と、五つの階梯があり、万物は一者から、それぞれの段階を経て「流出」すると考えられた。いずれの段階にも一者の働きが「分有」されている、その働きこそが「存在」それ自体である、万物は、一者の力を分かたれることによって存在している、とプロティノスは考えた。一なるものの中にはすでに多があり、多の中にも一がある。彼の思想には、仏教の華厳《けごん》哲学「一即多・多即一」の世界観がそのまま生きていることから、学者のなかには、彼の生涯のどこかで、事実として仏教との交流があったことを指摘する者もいる。

プラトンへの言及にくらべれば、池田がプロティノスにふれた言説は少ない。だが、次の言葉を読めば、その影響の深さは疑い得ない。「『精神世界』と称して騒ぐのは、間違っても世のためにならない。なぜなら、『精神世界』なるものは、世界のどこにも存在しないからである。世界はもとから、『世界精神』でしかないからである」(『残酷人生論』)。ここでの「世界精神」は、先に見た「世界霊魂」と同義である。

この一節のほかにも『考える人』の「神秘主義」の章、その前半はプロティノス論である。その一文も、従来の哲学研究者とは異なる場所からの「読み」に貫かれていて、折にふれ、池田がプロティノスの作品に親しんでいたことがわかる。池田は、プロティノスの言葉を「美しい」という。彼女はプロティノスの言葉をいくつか引いているが、次の一節は幾重にも重なる意味で、彼女には「美しい」と感じられただろう。池田が引いたままに記してみる。

われわれがここに説いていることは別に新しいことではないのであって、今なら ぬ昔においてすでに言われたことなのである。ただそれはすっかり明けひろげて は言われなかったので、今ここに説かれているようなものが、それの解説として 出て来たわけなのであるが、ここに説かれている思想そのものが昔からあったということに関しては、プラトンその人の書物が証拠となって、われわれの説くところに保証を与えてくれるのである。

（『考える人』）

「読む」とは、池田にとって、それを書いた人を魂に感じることでもあり、また、その人を扉に、彼方なる世界をかいま見ることだった。「ここに説いていることは別に新しいことではない」、「今ならぬ昔においてすでに言われたことなのである」、それがプロティノスの立脚地だった。彼はその場所をけっして離れない。プロティノスは、新しい思想をひっさげて登場したのではない。むしろ、「古い」哲学をよみがえらせようとした。真に古いものは、けっして古びることはないとするプロティノスの態度に、池田は強く共鳴する。

「昔」にすでに言われていた、とは具体的にはプラトンの哲学を指す。だが、それは同時にプラトンを通じて顕われたソクラテスのコトバ、さらにいえばソクラテスを衝き動かしたダイモンのコトバでもあった。

だが、「昔」、それらが「明けひろげて」語られていたのではなかった。プラトンは哲学教団ともいうべきアカデメイアをつくった。アリストテレスはそこで学んだ。そこでは、ときに「読む」ことも秘儀とされた。あるプラトンの作品は、ごく限られた人々によってのみ「読む」ことが許されていた。それればかりかアカデメイアに入ることが許されたのも、限られた人々だけだった。だが、今日は違う、過去には秘儀であったものでも、今は開かれなくてはならない、そうでないなら、どうして自分に語る役割があたえられるだろうか、とプロティノスはいうのである。

かつては隠されていた真実を、その時代において開示する、それが哲学者の使命であるとする点において、池田晶子はプロティノスの後継者であり、永遠のアカデメイアの使徒であるといってよい。プラトンに結実した哲学の伝統で、「考える」とは、「自分の起源もしくは終末に至ろうとすること」だった。プラトンはもちろん、プロティノス、池田晶子にとっても、「考える」とは、「生きる」ことと同義だった。生きるとは、私の魂を通じて、魂それ自体に還っていくことだった。「考える」プラトンの姿に思いを馳せ、池田は次のような一節を残している。

そのようにして、プラトンも考え続けたのに違いない。イデアを把握し、諸イデア間の秩序を把握し、さらにそれらをその根底において統括している最終的な

「善」のイデアを発見し、確信したときの彼の心情を私は想像する。彼の思索を思索することの面白さはここに極まる。このとき私は、自身のうちに、えも言われえぬ困惑と、一種悲哀にも似た感情が次第に滲《にじ》み出すのを覚えて、さらにそれをよく味わおうと努めるのだ。

（『ロゴスに訊け』）

考える人が考える世界を、もう一人の考える人が「想像」する。あるいは彼方を感じる人が見る光景を、別の感じ得る人が「想像」する。そこにはもう、時空の隔たりは存在しない。プラトンが経験した実在の風景は、それを「想像」する池田晶子の現実となっている。

プラトン（前四二七〜前三四七）とプロティノス（二〇五頃〜二七〇）の間には、それぞれの没年から起算しても、六百年を超える歳月が横たわっている。だが、その精神性の継承を考えるとき、二人は直接の師弟になる。通時的に二人は会うことはなかったが、共時的にはいつもつながっている。

共時的につながるといっても、それは比喩に過ぎない、歳月の長短は別に、没後の人に出会うなど、現実の出来事としては信じられない、そう考える人もいるかもしれない。だが、少なくともキリスト教は、こうした出来事を受け容れるところにはじまった。パウロはイエスの没後の弟子であり、その自覚から、自らを「使徒」と呼んだ。それはプラトンに対するプロティノスも同じである。

「光」との遭遇というかたちで、パウロはイエスに「会って」いるが、同様の経験はプロティノスにもあった。彼は、生涯に幾度か、深い「没我」体験があったとされるが、そのときどき、彼はプラトンが説いたままのイデア界にふれていた。先に引いた、考えるプラトンにふれた池田晶子の一節も、同質の経験に基づくものだろう。そこでプロティノスが、あるいは池田が、先師プラトンの「声」を聴いたのでなければ、どうして生涯を賭して先師の哲学を継承しようなどと思うだろうか。

哲学と宗教は違う。キリスト教はそれを信じる者にとっての現実だが、哲学は異なる。それは信じる対象ではなく、理性による認識の対象であり、すべての人に向かって開かれている、そういうかもしれない。だが、歴史はそうした現代的視座を打ち破る記録を残している。

今日用いられる「哲学」からは想像しづらいが、プロティノスの時代、プラトンが創始したアカデメイアの伝統を継ぐ学団は、現代的な意味における研究の場ではなく、むしろ修道の現場だった。アカデメイアは五二九年まで存続し、東ローマ皇帝ユスティニアヌス一世によって、キリスト教を脅かす異端思想の温床となるとの嫌疑がかかり、閉鎖された。

プロティノスの精神を継ぐ者であり、ある時期アカデメイアを率いた哲学者プロクロスには、『神学要綱』と題する著作がある。ここでの「神学」とは、キリスト教神学ではなく、「プラトン神学」を指す。誤解を恐れずにいえば、プロティノスにおいて哲学は、知解の営みである以前に「神秘哲学」であり、プロティノスを論じた井筒俊彦の言葉をかりれば「密儀宗教（ミュステリオン）」そのものだった。

だが、ここでの「密儀宗教」とは、特殊な修行法や、祈禱を伴う儀式を意味しない。「特別な修業や瞑想術、すなわちあれら抹香くさい行為は全然必要ないと私は思っていたのだが、プロティノスも論理によってそれを摑む方法を挙げていた」（『考える人』）と、プロティノスにふれて、池田が書いているようにむしろそれは狭義の「宗教」の壁を破砕する。儀式に重きをおいたのは、キリスト教の方だった。

今日私たちが用いている「宗教」の一語は、明治期の政教分離の政策に基づく「新しい」言葉であることを思い出したい。それは必ずしも、本来含意されるべきものを表現し得ていない。「宗とは神人交感の／宗教心理の中心点」（『光明主義玄義』）である、と明治時代の僧であり、仏教哲学者の山崎弁栄《やまざきべんねい》が書いているように、「宗」とはもともと、人間をふくむ存在界を超えた何ものかとの交わりを意味した。「教」は、それをコトバで説くことを意味する。「宗教」とは、性質上、常に流動する何ものかであり、静止的に語り得ないものなのである。

「密儀宗教」としての哲学においては、超越と個の間にいかなる媒介も必要とされない。信じることとすら、もとめられてはいない。人間は、いつでも誰でも、仲介者を経ず、超越的一者と出会うことができる。それを明示するところに、哲学の使命がある。その伝統は今も生きている。先に引いた一節にあったように、そこで池田は、「考える」という哲学的求道を経て、「最終的な『善』のイデアを発見し、確信」するプラトンの姿を通じて、思惟の究極をかいま見るのである。

だが、そこで彼女が感じるのは歓喜や興奮ではなく、滲《にじ》み出す「えも言われえぬ困惑と、一種悲哀にも似た感情」だった。そして、さらにその容易に言葉になろうとしない感情を「よく味わおう」とする。

哲学における「想像」とは、彼方の世界への「参入」である。道を切り開き、別世界においても生きることだと考えてよい。だが、注意しなくてはならない。彼らは別世界に生きるのではない、あくまでも、別世界にも、生きるのである。プラトンやプロティノス、あるいは池田晶子のような神秘家は、けっして現世から離れない。別世界にふれるのは、そこに豊かに花開くイデアを、混迷深いこの世界に持ち帰るためである。魂は旅をする。だが、魂の遍歴は、かならずしも時間の座標軸では行なわれない。しばしばそれを超えて行く。

プラトンは魂に三つの位相を見る。第一相は、一者の純粋知性である叡知と直接つながる。第二相は、名誉、勇気、優美、慈悲などの美徳の源泉となる。第三相は肉欲、淫情など我欲を惹き起こす。魂に三つの部分があるのではない。そこに存在するのは、いわば相であり、層である。プラトンが不死としたのは第一相のみで、第二、第三相は、肉体の滅びとともに消えると考えられた。だが、それは個の印が消え去ることを意味しない。激情も欲情も、死を通過することでロゴスの炎に焼かれ、イデア界へと昇華する。

イデア界、実在界、あるいは叡知界など呼び名は別だが、それは皆、魂の国を呼ぶ異名である。魂は生滅しない。変容する。死とは、激情と欲望が、叡知へと還っていく道程である。魂を論じながら池田は、つぶやくようにこう記した。

ひょっとしたら、「〈私〉が魂」なのではなく、「〈私〉の魂」という言い方もな

く、

「魂の〈私〉」

というのが、近いのかもしれない。

（『魂とは何か』）

根源的に魂は、いかなる形であれ、「私」には帰属しない。魂は、個人である「私」の所有ではなく、いわば「私」に預けられている。「私の」も、「私が」も、魂を論じるときは的確な表現とはなり得ない。人間とは「魂」それ自体である。だから、「魂の〈私〉」、「魂である私」といわねばならない、と池田はいう。

「魂である私」が実在であるなら、肉体はどうなるのか。肉体は、「私」ではないのか。そう問われたなら、池田なら即座に、肉体を独立した存在と見なすなら、と留保をつけて、それだけでは「私」ではない、『私』とは考える精神である。断じてこの身体ではない」（『ロゴスに訊け』）と応えただろう。そういいながら、彼女はおもむろにデカルトの話をし始めるかもしれない。デカルトにふれ、池田は次のような印象的な言葉を残している。

デカルトを見よ、密室に隠れて思索すること八年、遂に彼は、たとえ肉体から腕の一本取り去られたとて、〈私〉からは何ひとつ取り去られはしないと看破した。

（『魂とは何か』）

池田晶子のデカルトへの敬愛は深い。哲学はヘーゲルに極まる、といったこともあったが、ヘーゲルへの思いが熱情だとすれば、彼女のデカルトへの思いはもっと沈着な、だが、哲学者であること自体に深く影響を与えるものだった。

近代的自我の提唱者、物心二元論を説く哲学者、あるいは魂を否定した思想家など、デカルトをめぐる風説はさまざまある。また、しばしばデカルト的二元論という表現にも接する。だが、どのデカルトの著作を読んでも、二元論は見当たらない。それはマルクスの本を読んでいても、いっこうにマルクス主義のドグマに出会わないのに似ている。池田の目に鮮明だったのは、むしろ魂の探究者としてのデカルトの姿である。世の浅薄なデカルト理解に、池田は辛辣な言葉を残している。

「デカルト以来の二元論」という紋切り型常套句を、私は深く軽蔑していて、精神と物質とは、確かに別物なのである。別物であるにもかかわらず、なぜか合一してここにある。謎と思索とは、ここからこそ始まるのであって、二元を二元と認識もしないまま、「心身合一の世界観」など唱えたところで、たかが知れている。なるほど確かに切れば血は出るが、血が出るのは肉体であって、意識のどこが出血しているというのか。

（『考える日々』）

個別的に在りえるはずの心と身体が、私たちが生きているこの世界においては、二つであり、また同時に一なるものでもあるという神秘に、池田もまた強く動かされる。この問題はそのまま、「身体が死ぬことによって精神も死ぬのかという、人類永遠のかの難題」（『ロゴスに訊け』）へとつながってゆく。彼女も言葉によってその事実を照らし出そうとするが、論理だけでそれを完全に実行することはできない。「論理の降参。茫然《ぼうぜん》自失のその刹那《せつな》、物質でも精神でもコギトでもない、『魂』という言い方の自在さに気がつく」（『ロゴスに訊け』）。「コギト」を超え、「魂」にふれることなく、この問いに応えることはできない、というのである。

「コギト」とは、ラテン語で「考える」ことを意味する動詞である。二元論者という風説とともに、「われ考える、ゆえにわれわれあり」の一節が、しばしばデカルトの名前が語られる。この一節をラテン語で「コギト・エルゴ・スム」とデカルトがいった、と私などの時代には学校で教えられた。だが、厳密にはそうではない。ここでの「コギト」の起源は、デカルトの『方法序説』のラテン語訳にさかのぼる。

「横着な性格のせいで文献学的ないし伝記的研究に馴染めない私が、これは是非確認しておかねばなるまいと思い立った箇所がある」(『考える人』)と、彼女もこの問題を前に踏みとどまる。

たしかに池田の思索は文献学にも、歴史的研究にも重きを置いていない。しかし、彼女はどこまでもテクストの世界を掘ってゆく。その姿は、可視的な文字の奥にある不可視な文字までも、読みつくすかのようですらある。文字に流動する意味を読む、その徹底が、「口伝《オラクル》西洋哲学史」との副題をもつ『考える人』を、稀有な作品にしている。池田は、プロティノスの血脈を継いで近代に現われたのはヘーゲルであると思う、と直観的な言葉を残しているが、日本で学問的にそれが検証されたのは、最近のことである。池田晶子の「読む」嗅覚が、術語としての「コギト」を素通りすることを許さない。彼女の哲学的感覚は鋭い。デカルトは「コギト・エルゴ・スム」とは書いていないのである。

『方法序説』のの原文には、Je pense, donc je suis（私は考える、それゆえに私は在る）とフランス語で記されている。彼女はデカルトと同じ手つきで、魂を、すでにデカルトの原意から遠く離れてしまった「コギト」という哲学的術語から、解き放とうとする。

当時、ほとんどの学問的著述はラテン語で書かれた。デカルトはこの本を、母語であるフランス語で書く。ラテン語を解するのは一部の人に過ぎないことは彼も熟知している。デカルトにとって執筆する目的は、まったく別なところにあった。彼は、人々が日常的に使っている母語で書くことによって、哲学が狭義の意味における学問ではないことを世に示そうとした。

「姿ハ似セガタク、意ハ似セヤスシ」との宣長の言葉を先に引いたが、デカルトと池田の関係を見るときも、この一節が去来する。日常的な母語で哲学の文章を書くことにおいて、池田晶子は、明確なデカルトの精神の継承者である。前章で見たアランも、デカルトをこよなく愛したのは偶然ではない。デカルトは「思想」化した哲学にもう一度息を吹き込もうとしている。ここでいう「思想」と哲学の違いにふれ、池田は印象的な言葉を残している。

思想は、生活に立脚しないことができるかもしれないが、哲学は生活に立脚しないことはできない。思想は、どこかから持ってきて取って付けることができるが、哲学は、どこかから持ってきて取って付けることが絶対にできない。

（『考える日々』）

哲学は、造られた概念の積算ではなく、人間が生きる瞬間瞬間に生起する。それは、私たちの日常と不可分の現象であり、また出来事である以上、どこまでも日常の言語によって語られなくてはならない、とデカルトは考えた。この確信において、池田晶子の精神は著しく共振する。

さて、「コギト・エルゴ・スム」に戻ろう。その誕生の経緯は次の通りである。『方法序説』の刊行から四年後、デカルトは『省察』を書く。この著作もフランス語で書かれているが、彼は文中にEgo sum, ego existo（私は在る、私は存在する）とラテン語でも表記する。そして、さらに後日、デカルトの友人でもあった神父による『方法序説』のラテン語訳が出版され、そこにEgo cogito, ergo sum, sive existo（私は考える、それゆえに私は在る、私は存在する）と記されていた。この翻訳は、デカルトが校閲したとされている。この友人のラテン語訳の cogito, ergo sum との一節が、のちに独り歩きし、デカルト自筆の言葉よりもよく知られるようになった。後世の人々は、このラテン語訳から「コギト」の一語を抽出し、あたかもデカルトの言葉であるかのように論じたのだった。

時代を画するような書物のすべてがそうであるように、『方法序説』もまた、読む者を不安にさせた。彼が書いた「私」の問題は、それまであった存在の秩序を根本から揺るがしたのである。ある人々にとって、デカルトがいう「私」は、「神」と訣別した存在のように映った。中世まで、「われ」あるいは「私」が存在するのは、「神」が存在するからである、と考えられていた。「神」なくして「われ」はない。その存在の根源である「神」を破砕するかのように、デカルトは「われ考える、ゆえにわれあり」と高らかにいってみせた、ここに近代が始まった、というのが、教科書に散見するデカルト論である。

だが、池田晶子のデカルト観はまったく違う。むしろ、デカルトこそ超越的世界を開示した者だと彼女はいう。デカルトにおいて「考える」と「存在する」は、一なることを別な視座から見た異なる語に過ぎない。池田にとってデカルトは、個的な私の宣言者ではなく、むしろ、個と大いなる「私」とを架橋する人物だった。「われ考える、ゆえにわれあり」の「われ」は、旧約聖書の創世記において「光あれ」といった、超越の「われ」の再臨にほかならない、と彼女は読む。私たちが「考える」とは、即自的に大いなる「われ」の思索である、というのである。

しかし、「創造」とは、それ自体が言語ではないか。すると、このとき「神」が創造したのは、宇宙ではなく、むしろ言語である。発語するのは、「私」である。したがって、事態はこうなる。

「私」は、言った。

光、在れ！

あるいは、たんに、

在れ！

（『残酷人生論』）

「コギト」、すなわち考える「私」をどう理解するかによって、デカルト理解は大きく異なってくる。肉体としての私は消えても、魂である「私」は存在する。『方法序説』でデカルトは、心と体は別々の系統によって存在し得る、という心身の二元論を説いたとされている。たしかに彼は、そう考え、そう書いた。「私は考える、ゆえに私は存在する」、このことを知ると、もう自分が存在すると「信じる」必要はなくなり、次のことがまざまざと感じられてきた、とデカルトはいう。

「わたしは一つの実体であり、その本質ないし本性は考えるということだけにあって、存在するためにどんな場所も要せず、いかなる物質的なものにも依存しない」ということ。そして「このわたし、すなわち、わたしをいま存在するものにしている魂は、身体〔物体〕からまったく区別され、しかも身体〔物体〕より認識しやすく、たとえ身体〔物体〕が無かったとしても、完全に今あるままのものであることに変わりはない」（『方法序説』谷川多佳子訳）。このことが、閉ざされていた何かが啓かれるようにわかった、というのである。

用心深いデカルトは、「啓示」などという言葉は使わない。しかし、この経験が啓示的だったことは疑い得ない。デカルトの生涯を論じる者はこの本を素通りすることはできない、と哲学者ヴァレリーにいわしめた、アドリアン・バイエが記した『デカルト伝』には、この哲学者を貫いた三つの啓示的な夢が記されている。

あるとき夢は、人間を彼方なる世界へと導く。夢は新しいことを告げるのではない。むしろ、すでにあって人間によって知られなくてはならないことを、開示する。知ることは、すべて思い出すこと、「想起」することである、とプラトンはいう。知ることは、すでにイデア界の実在にふれることだ、とプラトンは考えた。

真実も善も美も、人間によって作り出されるのではなく、見出される何ものかである。「私」も例外ではない。池田にとって哲学とは、私が「私」を想起することだった。池田晶子という私が、ゆっくりと私から離れ、ついには、「私」の世界に還って行くことだった。私が魂へと純化してゆくことだった。

それをかりに「死」と呼ぶなら、哲学とはプラトンがいったように、死の彼方へと赴くことの準備だといえる。私とは、肉体とかたく結びつく精神であり、「私」とは、肉体から離れた魂にほかならない。デカルトがいう「われ考える、ゆえにわれあり」の「われ」とは、池田が感じた「私」である。

「論理的には」身体は精神ではないのに、「現実には」身体が精神であることの摩訶《まか》不思議、この不可解に悶絶《もんぜつ》したのは私ひとりではない。ソクラテスもプラトンも、ニーチェもはたまたサルトルも、みんな驚き、哲学したのである。とはいえ、この問題に関して、最も驚き、最も難儀した人は、言うまでもなくあのデカルトであろう。

（『ロゴスに訊け』）

心身の存在がどこまでも一元的であるなら、肉体の死は、魂の死でもある。デカルトはそうは考えなかった。むしろ、魂は、肉体が滅んでもなお存続することを証明しようとした。それが普遍的な事実であることを立証しようとした。「普遍的」とは、文字通りいかなる条件も必要としないで、という意味である。

信じる者の魂は滅びることがない、とキリスト教は説く。信じる者は救われると教会はいう。デカルトは異なる道をゆく。彼は、特定の宗教を信じることがなくても、魂は不滅であることを、「哲学」によって明示しようとした。池田晶子は、その哲学的伝統を現代によみがえらせようとする。

魂を感じるとは、池田晶子という姓名を有する存在が、固有名のまま、名前の彼方へと融けてゆくことだった。それは哲学を生きることに等しい。「深く内省するほど、遥か遠くへ出て行ってしまうことが、魂として在ることの不思議である」（『あたりまえなことばかり』）と、池田は書いている。自分を超え出るものに、どこまでも深く同化しながら、決して私が失われないことに、彼女はいつも新鮮な驚きを感じる。

自分とはその姓名以上の何ものかである、そう感じる時、人はそれとは知らず、魂としての自己、その内実に触れているのだ。このとき、これを観察し、探索するという「孤独な」作業、これを厭って、安直に他者を求めに出向かないことだろう。魂としての自己、不可解であるという意味において豊かなその内実は、それを知ろうという態度にしか開かれないものだからだ。

(『あたりまえなことばかり』)

単に魂について語られた知識を溜めこむだけなら、遠くから眺めていればよい。だが、魂にふれることを本当に願うなら、魂を知ろうとするなら、まったく異なる態度が求められる。魂から眼を離してはならない。魂は、直接的に知られることを求める。魂がそれを求める。魂は、真に「それを知ろうという態度にしか開かれない」。

魂をめぐる池田の言葉は尽きない。ことに晩年の彼女の言葉は、魂の一語に収斂するようにさえ感じられる。次の一節を玩味することで、この章を終えたい。

手に入れて、転がしてみる「魂」という語のもつ味わい深さ、ああそうか、そういうことだったか――という深い納得の後味は、「意識」の語にはなかったものだ。たとえば、「私の意識」とは言えなかったが、「私の魂」、これは言える。確かに言えるのだ。奇怪な一語「私」は、やはり永劫不動に宙に浮いたままなのだが、「私の魂」は言える。なぜなら、「魂」の側が転がり移るからである。

（『私とは何か』）

「転がり移る」魂は滅びない。それを深く味わうことこそ、生きることだというのである。本論もふりだしにもどったように見えるが、そう思わないでいただきたい。旅に出て、住処《すみか》に戻る。それは単に行って、帰ったという出来事ではないだろう。むしろ、同じところに戻ったということが、池田晶子の魂論の真実性を証明している。

十

夢の向こう

夢を見る、という。肉眼で見ているのではないことを知りながら「見る」といわざるを得ない感触が、私たちにはある。

古語において「見る」という言葉は、魂にふれることを意味していた。『初期万葉論』で白川静は、万葉集における「見る」は、当時の霊性に接近するもっとも重要な言葉の一つに数えられる、という。また、『古代人と夢』を書いた国文学者西郷信綱は、万葉集で夢が「伊目」「伊米」と記されたことを挙げ、「伊目」は「寐目《いめ》」、寝ているときの「目」、すなわち魂の目を意味したと述べている。

夢を見る、その主体はすでに肉体を超えていることは、古人《こじん》の常識だった。日本文化の深層で、夢は、現実世界での出来事と同じく、さらにいえば、それよりもいっそう生々しい経験として重んじられ、人々を強く動かしてきた。夢告、霊夢という言葉があるように、かつて夢は、彼方なる世界からもたらされると信じられていた。万葉、古今、新古今の和歌集における夢はもちろん、物語のなかでも夢は、現実世界を突き破る異能の力として語られた。

それは宗教、思想の世界でも変わらない。鎌倉時代の僧明恵《みょうえ》には、『夢記』と題する夢日記がある。国学者平田篤胤《あつたね》は本居宣長の「門人」だが、篤胤が師から入門を許されたとしたのも、夢を通じてだった。なかでも特に、夢の働きに重きを置いたのが、法然、親鸞、一遍と続く浄土仏教の人々だった。

彼らが困難にあるとき、それを打破する道を指し示す光は、一度ならず夢を通して指し示された。あるとき親鸞は、夢で聖徳太子、そして救世観音《ぐぜかんのん》に出会い、啓示を受ける。これらの親鸞の夢の経験は、宗教者親鸞の誕生における決定的な役割を果たす。夢を見る前の親鸞と、以後の親鸞は、同一の人物でありながら、人格的には刷新されている。親鸞にとって夢は、しばしば神託が行なわれる聖なる時空であり、すでに彼岸にある人々、あるいは観音、如来といった超越的顕現にまざまざと接することだった。それは、夢を語る池田の態度に著しく接近する。彼女の思索日記『リマーク1997-2007』は、夢日記としても読むことができる。

夢が実在するか
とは無意味である

夢とは、たんに見えるものだからである

（『リマーク1997-2007』）

ここでの「見る」もまた、古語の意味を想起させる。「たんに見える」と池田がいうのは、見たものをどうして見なかったことにできるだろうか、というのである。すべての夢に同じ重みがあるとはいわない。また、そのような生活はわずらわしい。だが、誰でも一度や二度、他者にいわないとしても、人生の深みを照らすような夢を見た経験があるのではないだろうか。真実の経験であると思われるなら、それが夢であるということで、その意味までも否定しなければならない理由はどこにもない。処女作「存在の律動」でも、池田は、内語、幻視、記憶と共に、「未だ知られ得ざるもの」の一つとして「夢」を挙げている。

そして――夢。ことばであったり、なかったり。見知らぬひと見知らぬところ、知られすぎている自身の気配のなかで。「物質」を超えて、塊状の「意味」が飛来する。

（『事象そのものへ！』）

このときに「夢」は、意味の塊として認識されている。意味は、物質的な性質、あるいは科学の基準で計られることを超えている。夢で、言葉が語られることもあるが、ときにそこでは、すでに言葉とはいえない何ものかが物語る。出会うのも、知る人ばかりではない。未知なる者の突然の来訪を受けるのも夢である。夢を予測することはできない。また、それを完全に解析することもできない。私たちができるのは、解読不可能な古代文字を目の前にしたときのように、ただ、それをじっと眺めていることだけだ。

万葉集の時代、「見る」ことは、不可視な何ものかにふれることだった。新古今和歌集の時代になると、「眺め」の一語は次元を超え、彼方の世界に参入することを意味するようになった。月を、鳥を「眺める」。それはときに、夢で異界にふれるような経験へと導くというのである。「見る」あるいは「眺める」、それは肉眼だけの働きではないことを、これらの古語は教えてくれる。また、眠らずとも、私たちは目に映る以外のものを、どこかで「見て」いることを、これらの古い言葉は思い出させてくれる。『リマーク1997-2007』で池田晶子は、夢をめぐって次のような印象的な言葉も残している。夢にも「質量」がある、と彼女はいう。

夢の果てなしは、しかし無重力ではない
夢にもまたある種の
質量
がある

気配
湿り気
うごめきとは、すなわち微細な質量である

大気中の水蒸気が、雨滴となって現象するように、存在のうごめきは、
夢となって現象する
夢は存在の質量である

（『リマーク1997-2007』）

ここで彼女がいう「質量」とは、科学的計測の彼方にありながらも、ある重みを感じさせる何ものかである。あの言葉は重い、と思わず私たちが口にするときに感じている、文字通りの「重み」である。「質量」があれば、かならず感じることができる。感じられないのは、感覚をばらばらな五感的経験によって確かめようとするからに過ぎない。重量と「質量」の根源的差異は、金と金言ほどに違う。金はその重さに応じて、物品やサービスと交換できる。金言はときに、絶望の底からその人を救い出す。

夢の「質量」といわれても実感が湧かないなら、さきにふれたが、信頼の質量といったらどうだろう。「気配／湿り気／うごめきとは、すなわち微細な質量である」と池田がいうように、私たちは、さまざまな場面で「質量」を感じている。そこに、計測することを拒む重みを感じている。

あるいは、そんなことをしても「意味」がないと口にするとき、本来感じられなくてはならない「意味」の「質量」が、感じられないことを率直に訴えている。「質量」は、喜びや悲しみ、苦しみや励ましからも感じ取ることができる。「質」にふれ、池田は次のように書いている。

花の色
花の形
花の香り
質として感じられるそれらは、まぎれもなく精神である。

（『リマーク1997-2007』）

質として感じられるものが「精神」であるなら、質を感じるものも「精神」だといえるだろう。夢は五感の縛りから人間を解き放ち、魂、あるいは池田がいう「精神」が働くことを促す。魂は、肉体では感じることができないものにも、「意味」という重みがあることを見逃さない。

同じ「花」は存在しないように、質量も常にそのとき一回だけの事象である。夢に質量があるように、悲しみにも質量がある。同じ悲しみなど存在しない。個々のかけがえのない悲しみだけがある。それぞれが、繰り返すことのない固有の出来事であるからこそ、つながり、呼応し、共振する。

娘に先立たれた女性と食卓を囲んで話していたときのことである。一度ならず彼女は、もう半年ほど経つが、逝った娘が夢にも出てきてくれないと嘆き、どうしてなのかと理由を尋ねてきた。彼女も、もとより答えを期待しているのではない。ただ、そういわずにはいられない、何か切迫した状況にあることは疑い得なかった。

しばらく経って、再び食卓を囲んだとき、彼女の様子はまるで違っていた。夢で、姿ばかりか、娘の声を聞いたと喜んでいた。「笑ってたの。あの声、わかるでしょ。あのままの声なの」と、彼女は微笑みながらその様子を話してくれた。

この日から、彼女の生活は変わった。悲しみが癒えたのではないが、悲しみに沈みこむこともなくなった。悲しいと娘に訴え、何らかの応答を娘から得ている様子が、彼女からははっきりと窺えた。彼女はその出来事を充分に言葉にできないことを、いささかもどかしく思っているようだった。だが、その一方で、夢での邂逅が起こったことにくらべれば、それが説明できるかどうかは、大きな問題ではないように感じられた。

このような話を聞いたとき、現代の常識はどう判断するのだろうか。ある人は、夢の仕組みを深層心理学的に解釈するかもしれない。夢によって彼女は、実生活では果たし得ない娘との再会を経験した。夢とは、日常の抑圧の、意識下での解放であって、それは現実の出来事ではなく、あくまで仮想に過ぎない。それでも精神的治癒の一歩であり、無意味なことではない、とでもいうのだろうか。

また、学問的な話はそうかもしれないが、いささか冷たいように感じられると、反対の意見を述べる人もいるかもしれない。彼女に向かって深層心理学の抑圧の理論を話したとして、いったい何の意味があろう、こうしたときは、憐れむ気持ちを忘れてはならない、それが人の情というものだ、という人もいるだろう。

もしくは、前者の知識を前提にしながら、あえて口にせず、後者のように行動する、という場合が多いのかもしれない。ともあれ、ここに挙げた三つの態度は、夢は現実とは遊離した出来事である、という認識において共通している。

だが、彼らがどんなに誠実そうな顔をして、彼女の前に立ち、自らの意見を丁寧に述べたとしても、彼女の胸中が穏やかになることはけっしてあるまい。彼女が欲しているのは、説明でもなければ同情でもない。夢で娘と会ったという、素朴な事実の是認である。夢でしか会えないとしても、娘は今も「生きて」微笑みかけてくるという、近代理性では信じがたい、しかしかけがえのない経験があったことを、説明と理屈によってふちどるまえに、そのまま認められることである。

彼女が私に夢を語る素振りは、不可視な宝珠《ほうじゅ》を手のひらにのせて、そっと差し出すかのようだった。もし、その石について、知っている知識をたよりになにかを語ったとしたら、彼女は手を握り締め、二度と宝珠を見せてはくれなかっただろう。

「信じることと知ること」と題する小林秀雄の講演がある。そこで小林は、ベルクソンが、ある婦人の見た夢をめぐって行なった講演にふれた。あるとき、女性の夫は戦地に赴いて、塹壕で倒れて死ぬ。妻である婦人は、夫が死んだときと全く同じ時間に、死にゆく夫の姿を夢に見る。それは周囲にいた人々の顔を鮮明に思い出せるくらい、はっきりとした夢だった。

後日、ある集まりで婦人は、フランスを代表する著名な医学者に、その夢の出来事を告げる。そこにはベルクソンのほかに幾人かの人がいた。話を聞いた医学者はこういった。

自分は、婦人を信頼している。嘘をつくような人物でないことも承知している。しかし、困ったことに、その経験を合理的に説明することができない。虫の知らせと呼ばれる現象は、確かにある。しかし、それは常に真実を告げているといえるだろうか、むしろ、事実とは異なる出来事の方が、豊富に起こっているのではないのか。それにもかかわらず、たった一例に過ぎない婦人の経験だけを、どうして格別に取り上げて、無条件の真実として論じなくてはならないのか、というのである。

すると、横でその話を聞いていた若い女性が、この医学者に、先生のいっていることとは論理的には正しいけれど、どこか間違っていると思う、といった。ベルクソンはその一部始終を聞き、医学者の論理よりも、違うとほとんど直観的に訴えた女性の方が、真実に近いと思った、というのである。

科学は事象が反復することによって、それを事実だと認める。しかし、科学はけっして世界の全貌を捉えてはいない。科学的世界観を逸脱する現象は、常に起こっている。後年、小林は、同質の問題を、同じくベルクソンを論じた『感想』で、次のように書いた。

芸術は、必ず個性的なものを狙う。画家が、画布の上に描いたものは、或る時、或る場所で、彼が二度と見る事はない色彩とともに見たものである。詩人の歌うところは、詩人自身の心、誰の心でもない彼自身の二度と還らぬ心である。芸術家によって個性化されたそういう感情に、一般的な名称を与えようとしても無駄だ。

（小林秀雄『感想』）

芸術家の目は、いつも固有の存在にだけ注がれている。芸術と呼ぶにふさわしい、どんな色も、音も、形も、また言葉も、描かれ、奏でられ、彫られ、書かれた、そのときどきにしか生まれ得ない。どんな形態であれ芸術は、二度と還ることのない、今という、過ぎ去らない「時」の助力を必要とする。小林にとって芸術とは、魂と魂を、そして魂と超越をつなぐ、真実の意味での美しきものであり、経験である。この一節からも感じることができるように、美は人を救い得るのか、という問いの究明こそ、小林秀雄の悲願であり、祈願だったのである。

心で感じるだけでは不十分で、心にこそ世界があるのだとしたら、夢が生者と死者をつなぐことがあったとしても何の不思議があるだろう。生まれるとは、心のなかにある扉を突き破り、次元が転換されることをいうのだとしたら、死もまた、新たな場所に生まれることであったとしても、何の不都合もない。夢は、生が、通常世界と感じているこの次元では完結しないことを教えてくれている。また、生の困難を生き抜く糸口がこの世界のほかにあることも、同時に示してくれている。

「眠るということは、あっち側に眼が開くということなのだから、死ぬということも、そういうことなのである」（『リマーク1997-2007』）。人は日々眠ることで異界へ赴く、死とは魂というからだを「あっち側」に移すことだ、と池田はいう。ここで彼女が語っているのは、現代が語る生の終焉としての「死」ではない。むしろ、それは生の展開であり、変貌である。

変化と変貌は異なる。変化とは様相の移り変わりだが、変貌とは、それが本来あるべき姿に向かって変わっていくことを指す。ときに夢は、変貌の徴《しるし》となる。このとき、夢は、不用意に分断された生死を結ぶ一すじの道を照らす。姿が見えない隣人である死者への呼びかけをめぐって、池田は次のように書いている。

「存在論」は知識ではない。哀しみであり神秘である内なる「無限」を魂深く感受したとき、それは誰の意識にも、懐しく知られているあの生活感情として甦る。たとえば私たちは言ってきたではないか。「あの人は死んだけれども、私のこころのなかで、いつまでも生きている」と。素直に、あるいは、最後に手に入れた結晶のような想いとして。そして、既にない人に向けて、ことばを紡ぎ続けるではないか。

（『事象そのものへ！』）

愛する人がいる者にとって、耐えがたい悲しみに直面するとき、人は、必ず「独り」である。なぜなら、もっとも苛烈な悲しみは、その愛する者を喪うことだからである。だが、死者をめぐる孤独の経験は、その一方で、「独り」ではあり得ないことをも伝えてくれる。ふれたいと思っても、手を伸ばすとつかめない。私たちは手で、死者にふれることはできない。だが、五感に頼ることをやめれば、いつも身近に感じられる。

悲しむときほど、私たちが世界と深く、また固く結びついているときはない。悲しみを経験しない人などいない。悲しみによって人は、意識しないままに、自他の壁を打ち破る新しい地平へと進む。悲しみばかりではない。信頼も同じである。悲嘆を生む破壊と不条理の現実を目の当たりにしながらも、人間は、信頼という不可視なつながりを感じながら生きている。それを確かめたいと願って、外に証拠を探そうとしてもなかなか見つからない。信頼はそれぞれの自己に根付いている。それがどんなにもろく、また、危うい状態にあったとしても、自己への信頼を感じたとき、世界が信頼の環でつながっていることがわかる。他者を信じる自己を信じることほど、他者への大きな情愛はない。死者をめぐって考えれば、ことはいっそうはっきりする。死者からの呼びかけを信じる自己を信じることほど、死者への大きな情愛はないのである。

ここでの信じる、とは盲信を意味しない。それは池田が書いていたように、「懐しく知られているあの生活感情」を確信することである。ここには、一切の宗教的教義や教条、思想的教説の入り込む余地はない。私たちはただ、自分の経験に留まるだけでよい。誰に理解されないとしても、自己の密やかな経験を愛すれば足りる。そして同時に、他者からの安易な是認を求めようとしないことである。

深層心理学は、夢を説明できる理論を手にいれた。だが、説明可能であるということは、その全貌を明らかにしたことを意味しない。深層心理学に限らない。科学は、説明できる範囲だけを問題にしている。その大前提を、私たちは忘れがちだ。心理学は、心の領域を広げたのではない。「心」という無限の広がりに、境界線を引いたのである。

こういう指摘をすることでフロイトとユングに始まる深層心理学を批判しようとい

うのではない。むしろ、彼らこそが夢の神秘に魅せられ、またそこに尽きない謎をかいま見たことを、思い出したいのである。ユングにふれ、池田は次のような印象深い言葉を残している。「私の中に心があるのではない、心の中に私があるのだとは、ユングも行き着いた壮大な逆説である」（『あたりまえなことばかり』）。池田にとってユングは、生者と死者を架橋することにその生涯を賭した、いわば魂の使徒である。その使命において、ときに学問、哲学、宗教の壁を超えなくてはならないとき、彼は退くことより、批判を顧みずに突き進むことを選んだ。

池田はユングの自伝を愛読していた。最晩年にユングをめぐって書いた一文で池田は、「私の著作は基本的には、『此世』と『来世』との相互作用の問題に対する回答を与える試み――常に更新されてゆく試み――に他ならない」と『ユング自伝』にある一節を引きながら、こう続けた。「回答の試みが常に更新されてゆくのは、回答はないということを了解しているからである。あるいは、生きている限り考えているからである。正確には、死んでのち考えないか、とも言えないからである」（『人生は愉快だ』）。ここに見られるユングの、そして池田の態度は、私たちを自ずと古い世界へと導く。

孔子の弟子である子路《しろ》が、鬼神――すなわちソクラテスにおけるダイモン――に仕えるにはどうしたらよいかと尋ねると、孔子はこう応えた。「未だ人に事《つか》うる能《あた》わず。焉《いずくん》ぞ能く鬼《き》に事《つか》えん」、人間に仕えることさえできないのに、どうして鬼神に仕えることができるだろうか、というのである。子路は、それならば人間にとって死とは何であるか、と孔子に問い返す。すると孔子はこう応えた。「未《いま》だ生を知らず。いずくんぞ死を知らん」、未だ生きることすら明らかになっていないのに、どうやって死を知ることができようか、というのである。

『論語』のなかでも、もっともよく知られた一節だが、これほど「読まれて」いない個所も少ない。それは池田の実感でもあったようで、彼女もこの言葉にふれ、意図的に覆い隠すかのようになされた概説を打ち壊し、隠蔽されていた意味を掘り返そうとする。

ある一群の人々は、孔子は死後を否定し、神秘を拒んだといった。だが、彼は鬼神も死後のことも語ることはできないといっただけで、その存在を否定したわけではない。孔子は「『語らない』のであって、『認めない』のではない。これは全く違うことだ」(『人生は愉快だ』)、と池田は書いている。

『論語』で語られる孔子は、喪に服することの意義を説いてやまない。彼にとって「喪」とは、生者を縛る規則ではなく、生者と死者の新たな関係を構築するために不可欠な時間を意味していた。『論語』にはこんな一節がある。「喪は哀《あい》を致して止む」、喪とは、哀しみぬくことに尽きる、というのである。悲しむとは生者から死者への止むことなき呼びかけである。だが、逝きし者にむかって私たちが呼びかけるのは、悲しみが深いからだけではない。呼びかける相手が実在するからである。さらにいえば、先の母親が夢で経験したように、死者となった者からの不断の呼びかけがあるからである。死者の呼びかけが先にある。それを感じて生者はいっそう、言葉を交わすことのできない現実を前にして悲しみを深めるのである。

ユングに似て、孔子もまた夢の人だった。『孔子伝』で白川静は、孔子の生涯における夢の働きにふれ、次のように書いている。

孔子は、一生夢をみつづけた。夢に出てくるのはいつも周公であった。殷周の革命、西周の創業をなしとげたこの聖者は、明保として周の最高の聖職者であり、また文化の創造者であった。同時にこの聖者はまた、悲劇の聖者でもあった。孔子は晩年のある日、「甚だしいかな、わが衰えたること。久しいかな、われまた夢に周公を見ず」（〔述而〕）と歎いている。孔子は生涯、周公を夢にみ、周公と語りつづけていたのであろう。周公が何を語ったのかは知られない。

（『孔子伝』）

周公は尊称で、名は周公旦という。彼と孔子の間には、およそ五百年の歳月が横たわっている。孔子は生涯、夢を通じてこの未知の師との対話を続けた。かつてはしばしば夢に現われた周公が、最近は夢に現われない、自分の魂の力が衰えてしまった、と孔子は慨嘆する。

周公は死者であり、ソクラテスにおけるダイモンでもあった。だが、そのことが現代日本で鮮明に語られるには、白川静の『孔子伝』の登場を待たねばならなかった。池田も、この作品を読むまで、孔子にさほど惹かれることはなかった、と書いている。むしろ、孔子を批判したとされる老子や荘子に、親しみを感じていた。だが、そうした理解が表層的なものに過ぎないことを思い知らされたと、彼女は『孔子伝』との出会いをこう綴っている。

〔白川静〕氏の著作を読んで、深く納得した。当たり前のことだった。形而上を知るから、現世を語れる。極端を知るから、中庸を語れる。孔子もやはり、他の聖人がそうであるように、一回りして戻ってきた人だった。処世的道徳家という誤った孔子像は、形而上の狂気を知らない凡庸な解釈者たちが作ったものにすぎなかった。誰も自分がわかることしかわからないという、これも当たり前である。

（『人間自身』）

今は知らないが、私の時代は中学生になると、漢文の時間の最初に『論語』を習った。それも次の一節を繰り返し音読させられる。『論語』冒頭の一節である。江戸時代の儒者伊藤仁斎は、この一節を「小論語」と呼び、論語の精神が集約されていると讃えた。

子曰く、学びて時にこれを習う、また説《よろこ》ばしからずや。
朋《とも》有り、遠方より来たる、また楽しからずや。
人知らずしてうらまず、また君子ならずや。

孔子はいった。学ぶべき時に習う、こんな喜ばしいことがあろうか。朋〔友〕がいて、遠方からやってくる。なんと楽しいことか。人間の心のひだを知る。それでも人を恨んだりはしない、それが君子というものだ、と学校では習った。最初と最後の一節は、何となく腑に落ちた。だが、「朋有り、遠方より来たる、また楽しからずや」の解釈は、中学生のころから、どこかひっかかるところがあった。この一節になると、急に孔子の言葉が色あせて感じられた。

夢みる人孔子を思う。ここでの「朋」とは、生者ばかりではないだろう。むしろ、古人にとって、「遠方」からやってくる、そう感じられる者の際たる存在は、すでに逝った、夢の中の人だったのではないか。ここで照らしだされているのは、時空を超えた「朋」である。そうでなければ、夢で周公との邂逅が止んでいることを嘆く孔子の真意も、見失われるだろう。

古代中国では、「魂魄《こんぱく》」と書き、魂に二つの相を見る。『礼記《らいき》』によれば、魂は霊性の器で、不死不滅であり、肉体が滅ぶと天に昇る。魄は身体性を司り、肉体の崩壊と共に大地に戻る。死後、魂は「遠方」に赴くが、それは生者の傍らにいることと矛盾しない。そう感じていた人物はほかにもいた。以下の一節は、池田が『新・考えるヒント』で引いている小林秀雄の言葉である。

蕃山は、師はないが、志の恩を思い喜ぶということはある、と言った。もし、志という言葉に意義が考えられないなら、あえて、これを、人生の絶対的な意味に関するヴィジョンと呼んでも差支えあるまい。それなら、恩とは、そういうヴィジョンをもっていると感じられる人に会えた機縁と言いたいのだろう。喜びとは、この大きなヴィジョンが、自分の小さな肉体を無理にも通過しようとする、その言わば触覚の如きものを指したであろう。そのような厄介な喜びを抱いた人々には、狂信者への道は閉ざされていたが、学問の整備された体系化への道もなかった。

蕃山《ばんざん》とは、江戸時代の儒者熊沢蕃山である。蕃山の師は、日本における陽明学の祖、中江藤樹《とうじゅ》である。師はいない、と蕃山がいうとき、そこには師藤樹への最上級の讃辞が込められている。蕃山にとって、学問を語る藤樹は、個性をもった人間であるよりは、「志」をつなぐ一条の道だったというのである。「語り得ぬものごとを語ろうと絶句している言葉のみが、考える魂たちに永遠に考え継がれてゆく」（『睥睨するヘーゲル』）と池田は書いているが、ここでの「絶句」は、受け継がれる「志」に等しい。

「志」とは、「人生の絶対的な意味に関するヴィジョン」である、と小林はいうが、別なところで彼は、ヴィジョンとは「見神」の体験、絶対者にふれる出来事だともいう。ここも、その意味に理解してよい。「志」が人間を貫く、その様を小林は「大きなヴィジョンが、自分の小さな肉体を無理にも通過しようとする」と表現する。「志」の訪れを感じたとき、無上の喜びが全身を回流する。ここでの「志」は、すでに個人の意思ではない。儒者にとって『論語』は聖典であり、「志」は信仰を意味していた。自分が信仰を生きるのではない。信仰が自分を貫くのだと、蕃山はいう。先に引いた小林の一文には、次のような一節が続く。先の言葉に続けて池田は、一気に引用している。

彼ら〔蕃山ら陽明学派〕には、ただ、少数の本による心友の交わりを結ぶことができただけであったが、その彼らに確実にできたことは、確実に、空想を交えずにやり遂げられたのである。彼らが願ったのは、学問の伝達や普及ではなく、学問をする人々各自の自覚であった。遠方から来る友を待つとは、彼らが高度のものと信じていた自分たちの学問の質の低下を防ぐための必須の条件であった。

彼らにとって書物を「読む」とは、伝統を語りつぐことだった。そこに無上の友である「心友」を見出した。「読む」経験のなかに、孔子がまざまざとその姿を顕わす。それは比喩などではない。「その彼らに確実にできたことは、確実に、空想を交えずにやり遂げられたのである」。

儒者たちにとって「読む」とは、「待つ」ことでもあった。時空を超えた先師の来訪を待つこと、「遠方から来る友を待つ」ことこそ、「高度のものと信じていた自分たちの学問」、脈々たる儒学の伝統の「質」を守り抜く「必須の条件」だった。この小林の言葉を受けて、池田はこう続ける。

高度情報化時代、遠方から来る友を待つのは、逆に至難である。質の低下は防ぎ難い。しかし言葉だけは裏切らない。人を信頼することの喜びは、未だわれわれから失われてはいないのである。言葉だけが、時代を越えて、われわれを強く結ぶことができる内なる生きた紐帯なのだ。

(『新・考えるヒント』)

彼女もまた、「遠方から来る友」との対話を楽しんだ。先の引用に続けて池田は次の一節を添え、この文章を終えている。「これを信頼することは、すべてを肯定することだ」。ここでの「すべて」とは、「存在」と同義である。コトバとなった人間との時空を超えた交わりを信頼する者は、それだけで存在するもの、そして存在することへの、全的肯定を体現していることになる、というのである。

十一
言葉はそれ自体が価値である

「言葉はそれ自体が価値である」（『新・考えるヒント』）、と池田晶子は一度ならず書いている。言葉は価値あることを表現し得る、と池田は考えたのではなかった。書かれているように、あくまでも彼女は、「言葉」それ自体が「価値」だ、とする立場を離れなかった。すでに池田がいう「言葉」が何であるかは見た。残る問題は「価値」である。

現代は、言葉が葬られる時代である。それも書き手たちによって行なわれることが少なくない。たとえば、愛、神、あるいは死者、どれも今日流布している意味は、古き姿からは遠く隔たってしまっているように思える。

超越の力を借りた無私の営みであるはずの愛は、個々の人間が努力して生みだすものになり、神は人間が語り得ない超越の存在であるはずが、神を語る人間の言説は尽きることがない。死者は、ついこの間まで、死体を数えるときの呼称に過ぎなかった。「価値」もまた、原意を見失ったまま用いられている言葉の一つである。

価値は、もともとは絶対的価値を意味した。価値がある、とはかけがえのない何ものかであることを示していた。だが、絶対を信じることが困難な今日では、いつの間にか「価値」も相対的なるものになっている。どれほど価値がある、という表現はなかった。価値に姿の差こそあれ、それが量ではない以上、価値の高低など存在しなかった。価値において問われるのは、あるか、ないかであった。

次に引くのは、「民藝」の大成者で宗教哲学者でもある柳宗悦《やなぎむねよし》が一九四八年に書いた一節である。柳にとって「価値」とは相対的な何かではなく、むしろ、絶対を照らし返すものでなくてはならなかった。

美は哲学上「価値」と呼ばれるものの一つであるが、価値である限りは、内に無上性を持つものであって、単に醜に対する美に止まるが如きものではない。もし止まるなら相対値に過ぎぬではないか。それが絶対値に触れる限りは、永遠なるものと結ばれていなければならない。

（柳宗悦『美の法門』）

絶対へと導くものこそが、彼がいう「価値」だった。また、「価値」とは永遠なるものである。それは時間的世界の彼方にある。「価値」あるものは古びることがない。そればかりか、それはけっして滅びることがない。

また、「価値」には、常に絶対が分有されていなくてはならない、と柳はいう。ここには、先に見たプロティノスの影響が明らかである。池田は、柳にふれることはほとんどなかったが、二人の視座は強く共鳴する。もっとも早い時期に、若き小林秀雄を発見したのは柳だった。若き井筒俊彦の著作に、色濃く影響を残しているのも柳である。池田晶子への小林秀雄の影響は、これまでに見てきた。池田における井筒の影響も、それに劣らない。井筒俊彦は、古代ギリシア哲学の根本原則にふれ、「形而上学は形而上的体験の後に来るべきものである」（『神秘哲学』）と書いているが、この一節は、そのまま哲学者池田晶子の信条でもあった。

最晩年に『井筒俊彦著作集』が編まれ、その刊行が終わる前に、突然、著者は逝った。その月報に池田がエッセイを寄せている。そこで彼女は、「信仰をもたない私は、こんなこの世に在ってしまったそのことだけで、潰えかかる夜がある」といい、そうした自分の知性においても、「その高潔さによって、あんなにも遠く高く行けるものであることを、私は井筒氏に教わったような気がするのです。信仰なき身として、これ以上の救いはなかったと、深く感謝致します」と書いた。ほとんど哲学的信仰の告白だといってよい。

哲学者はしばしば、その思想が収斂してゆくような一節を残す。「われ考える、ゆえにわれあり」とデカルトはいった。西田幾多郎は「絶対矛盾的自己同一」といい、表現は異なるが、それぞれが超越的絶対者にふれたときの衝撃を表わしている、という点では一致している。井筒俊彦の哲学は、「存在はコトバである」の一節に収斂する。ここでの「存在」とは超越者、あるいはその働きだと考えてよい。それは「コトバ」として世界に顕われる、と井筒はいう。

第七章で、池田が文章を書く理由にふれ、「言葉＝存在の側からの促しを時に受けるから」だ、と述べている一節を引いた。彼女もまた、「存在はコトバである」と観じた思索者だった。池田晶子の哲学は、「言葉はそれ自体が価値である」の一節に収斂する。そこには、言葉それ自体が絶対であり、救済は言葉によってもたらされる、という彼女の経験が生きている。

言葉は、幾重もの層をなしている。学校で教わるのは、語意と読解の方法であって、言葉の奥行きにふれることではなくなってしまっている。言葉の深みへは、知識だけでは到達できない。漢文の素読はひたすら声に出して読む。そして、解釈しない。知解することよりも、言葉が全身に染みるのを待つ。書かれていることについて詳しくなることよりも、言葉を生きることを強く促すのである。

言葉は多層である、といってもイメージが湧きにくいかもしれない。喩えていうなら、果物のようなものである。仏教では、言葉の意味を「種子」に喩えた。一粒の種には、大木にもなり得る可能性が潜んでいるように、見過ごされそうな言葉にも、天地を揺るがすような可能性は秘められている。

蔓《つる》に一房の赤ブドウがなっている。人は果肉を食し、皮を吐き出し、種を捨てる。だが、人体にとって本当に必要な栄養素は、多くの人が捨てる皮と種子にある。紫色の皮に含まれる植物栄養素は、強力な抗酸化作用を持ち、病から肉体を守る。また、種子には、光と空気と水と土、そしてわずかばかりの人間の手が加わることで実を結ぶ、すべての要素が凝縮されていて、そこにも人間の心身を癒す重要な成分がある。

果肉を過剰に摂り続けると、そこに含まれる果糖によって、生活習慣病に悩まされることになる。だが、ブドウの皮や種子には、それらの疾病によく効く成分が豊富に含まれている。口当たりの良い果実だけでなく、渋い皮も苦く固い種子も食す。このとき私たちははじめて、「糧」としてのブドウを食べた、といえる。

精神の糧、というが比喩ではない。食物だけが「糧」なのではない。言葉もまた、「糧」になる。栄養素が、見えないところで心身の傷を修復しているように、コトバも私たちの心に寄り添い、日々の傷を癒している。私たちの身体は、食べたものでできている。それと同じ意味において、私たちの精神は、コトバによって培われている。「糧」が失われれば、食糧を失った肉体がそうなるように、魂も飢え、渇く。

言葉を、「糧」であるコトバとするために、私たちは「読み」、「書き」、「考え」、「感じ」なくてはならない。食べることが、食物を心身に有用な栄養素へと転換させるように、「読む」こと、「書き」、「考え」、「感じ」ることが、言葉をコトバに変じる。言葉がコトバになることを、池田は「言葉の向こう側へ出」るという。


言葉それ自身を追求してゆくと、当然言葉の向こう側へ出てしまう。正確には、言葉がそこから出《い》でくる源としての、言葉自身の最深奥なのだが、この場所は、したがって、言葉では語れない。言葉以前の全意味全感覚によって充溢《じゅういつ》したある意味での存在そのものの光景に、人は必ず絶句する。絶句して黙り込む。言葉では語れないのだから、黙り込むしかないのである。

（『ロゴスに訊け』）

この一節は、言葉の探究の果てに彼女が見ていた光景を、かいま見せてくれる。言葉以前のコトバ、意味の充溢体であるコトバに出会ったとき、人は絶句する。その前にただ、沈黙を強いられる。大いなるものが語ろうとするとき、人間が強いられるのは沈黙であり、絶句である。ここに描き出されているのは、信仰者が祈る姿勢を思わせる。彼らにとって祈るとは、自らの願望を超越者に伝えることではなく、むしろ、超越の声を前に沈黙することだった。

ここで池田は、自らの経験に忠実に書いているだけなのだろうが、それゆえに、同じくコトバに永遠と普遍に通じる道を定めた者と、表現が近似してくる。先の池田晶子の一節は、井筒俊彦の言語哲学に著しく接近する。「真実なるものは一つそれだけでみるよりも比較せられるときに本当にその絶対専制的支配権を行使するもののごとく思える」といったのは哲学者吉満義彦だが、その言葉は池田と井筒の関係にも当てはまる。

主著である『意識と本質』で井筒は、言葉が生まれる場所を、仏教の唯識哲学の術語を借りて「言語アラヤ識」と呼ぶ。「アラヤ識」は「阿頼耶識」と書くこともあるが、「アラヤ」はもともと「蔵《くら》」を意味し、アラヤ識は「蔵識《ぞうしき》」とも呼ばれた。そこは、いわば尽きることのない意識現象の貯蔵庫で、事物だけでなく、私たちの想念も蔵されている。

アラヤ識は、個々人のなかにあるのではない。どこに、と指させない場所に、これまですべての存在者の「意識」の歴程が貯蔵されている。それが時機に応じて世界に顕われる、と唯識派の哲人たちは考えた。「唯識哲学の考えを借りて、私はこれ〔言語アラヤ識〕を、意味的『種子《ビージャ》』が『種子』特有の潜勢性において隠在する場所として表象する」(『意識と本質』)、と井筒は書いている。

先に果物の喩えを述べたが、意味の「種子」が出現の機会を待って潜んでいる地点、こここそが、池田のいう言葉の奥底にある言葉の彼方、「言葉の向こう側」である。井筒は、それを継承するだけではない。「言語アラヤ識」は伝統的な「アラヤ識」の奥にある、といい、意識の奥底までも論じつくしたかのような唯識の、さらに向こうへと進もうとする。

私たちの中に心があるのではなく、「心」と呼ぶべき大いなるものの中で、私たちが生きている、と池田は十四歳の若者に向かって語っている。「体のどこかに心があるのではなくて、心がすべてとしてあるんだ。君の心が、人生のすべてをそんなふうにしているんだ」（『14歳からの哲学』）。身体のどこかに「心」があるのではなく、むしろ、身体を含む世界が「心」なのである。

境域を意識の世界だけでなく、無意識の世界にまで広げてみる。さらに個人の意識を超えて、ユングが提示したように文化的領域、普遍的領域にまで広げて考える。そこでの交わりを可能にする何ものかが言葉であるとするなら、それはすでに言語をはるかに超えている。言葉は意味である。しかし意味は、言語という形に束縛されない。

「心」の領域ではすでに、言葉は言語ではない。裸形の意味になる。「『言葉』とはすなわち『意味』であり、『言葉の不思議』とは、『意味の不思議』だ」（『暮らしの哲学』）と池田はいう。言語である言葉は、私たちの五感に認識されるに過ぎないが、「意味」はさらに奥深く浸透していく。言語は意識の世界の対象だが、「意味」は意識の領域を超えていく。

「言葉」の実相が意味であるなら、意味は、いったいどこにあるのだろう。花がある。花は確かに手の届くところにあるが、「花」を意味する言葉はそこにはない。あるのは物体としての花であって、言葉ではない。意味はいったいどこに存在しているのだろう。これは、『14歳からの哲学』で問われた根本問題の一つである。「意味」を探してあたりを見回しても無駄だ、意味はこの世界にはない。意味はいつも異界にあって、私たちの意識と不可分な関係を結んでいる。ある人からお守りをもらう。護符とは、それを与える者の静かな言葉、祈りの結晶である。だが、物質的には布に入った木片に過ぎない。それにもかかわらず、不可視な守護者のように感じられる。祈りとは人間を通じて顕われる、もっとも高次な「意味」の一つである。

さらに彼女は、「言葉がなければ、どうして現実なんかあるものだろうか」(『14歳からの哲学』)と、十四歳の若者たちに向かって語りかける。

つまり、言葉の意味というものは、目に見えて手でさわれるこの現実の世界には、存在していないということなんだ。意味というのは、別の世界に存在するものなんだ。

(『14歳からの哲学』)

「言葉」を認識することとは、「別の世界」にふれることである。「言葉」、あるいは

「意味」が別世界にあると信じる者にとって、別世界の存在自体は疑い得ない。「世界」であると私たちが信じて疑わない、こちらからの視点から見れば、「別の世界」が異界なのだが、それが私たちの世界を包み込むように存在しているなら、「異界」と呼ばれるべきは、こちらの世界かもしれない。

言葉の意味は、池田がいうように別世界にある以上、それにわずかでもふれようと思う者は、彼方なる世界へと歩を進めなくてはならない。特別なことではない。私たちはいつも別世界に接している。これらの言葉をふまえ、次の一節を読む。池田晶子の境涯がまざまざと浮かびあがってくる。

「言葉は、われわれの日常の使用を脱し、われわれから離れて生きる存在となり、われわれに謎をかけてくるものとなる。こういう意味合いの言葉の現前こそ、精神が自ずから内へと向き直る、絶好の契機となるものなのだ」（『新・考えるヒント』）。人が言葉をもとめ、それにふれるのではない。私たちはすでに言葉のなかにいる、言葉がふれてくるのだ、と彼女はいう。このとき言葉は燦々と輝く。言葉それ自体が光となる。

私たちの日常の意識、表層意識がとらえる世界で、言葉は事物を示す記号であり、記号が次第に意味を帯びる。必ず事物が先行し、言葉と意味はそれを追うと考えられる。「事物－言葉－意味」の順序はけっして崩れない。だが、井筒はそれに「否」を突きつける。存在の深み、意味の深みにおいては、秩序は逆に働くというのである。深層意識界では、意味が誕生し、それが言葉を選びとり、ついに事物を生じさせる。「事物－言葉－意味」の連環が逆に進む。意味は、いわば種子であり、言葉を栄養に、事物という樹木を顕わす。意味が事象を指すのではなく、事象が意味の輪郭をなぞるのである。

さらに井筒は、コトバは「『本質』を実存的に呼び出す」という。ここでの「本質」は、大きくは物があるそのこと、花が花であることの働きだと考えてよい。言語としての言葉は「本質」を表現するに留まるが、言語の向こうで生起しているコトバは、存在の深みから「本質」を喚起する、創造的に喚び起こす。コトバは、「根源的に存在分節の動力である」、とも井筒はいう。

先に「言葉自身の最深奥」、「したがって、言葉では語れない」場所、と池田が書いたところを、井筒は、「意識のゼロ・ポイント」あるいは「存在のゼロ・ポイント」と呼ぶ。次の一節にある「窮理」は、中国北宋の儒者たちの存在認識の方法で、ここでは存在の奥底を見究めること、と理解してよい。

意識の深層領域が意識のゼロ・ポイント（意識の無の極点であって同時に意識の有の始点）に究極するものであるかぎりは、「窮理」の道程は、意識即存在の根本原則に従って、その極限において、存在のゼロ・ポイント（存在の絶対無であって同時に有の始源、「無極にして太極」）に到達するものでなくてはならない。

（『意識と本質』）

見なれない言葉が連なっていて、一見複雑に思える文章だが、ゆっくりひもとくように見ていけば、著者の真意が浮かび上がってくる。

意識の根柢に達したとき、私たちは存在の根源にふれる。意識の根源である「意識のゼロ・ポイント」は、そのまま「存在のゼロ・ポイント」である、意識に層があるように、存在世界にも層がある。意識の深まりによって、存在の階梯も開かれてゆく、というのである。

最初の著作である『事象そのものへ！』で池田は、禅と救いにふれ、「意識のゼロ・ポイント」に言及する。

禅は決して人を救わない。私たちはそれによっては救われない。禅の唯一の役割は、言わずもがなの「常識」を、私たちにダメ押しすることに他ならない。

しかし救わないということは、絶望させるということではない。救われるも救われないも、輝かしい希望も、身も世もない絶望も、もともとこの人生にはありはしないという、言わば意識のゼロ・ポイントに私たちを覚醒させるということだ。

ここで「意識のゼロ・ポイント」が指し示す地平は、先に引いた井筒の言葉を明るく照らし出す。意識、存在それぞれの「ゼロ・ポイント」とは、時代の正義、時代の倫理といった移ろいやすい基準の遠く彼方へと、私たちを導く。禅は、善悪を明示することでは人間を救わない、しかし、善悪の彼岸へと私たちを導くというのである。

江戸時代中期、松坂に暮らしていたある町医者が、当時、すでに誰も読むことができなくなっていた日本最古の歴史書である『古事記』を、三十余年の歳月を費やして読み解こうとしていた。本居宣長である。宣長が『古事記伝』を著して以降、『古事記』は私たちにも、読むことが可能な書物となったのである。

ほとんど暗号と化していた言葉を宣長が読み進める姿を、小林秀雄が活写している。「安万呂〔『古事記』の著者太安万呂《おおのやすまろ》〕の表記が、今日となってはもう謎めいた符合に見えようとも、その背後には、そのままが古人の『心ばへ』であると言っていい古言の『ふり』がある、文句の附けようのなく明白な、生きた『言霊』の働きという実体が在る、それを確信する事によって、宣長の仕事は始まった」（『本居宣長』）。古言の「ふり」を読み取ること、「言霊《ことだま》」にふれること、そこが宣長の出発点だった。

『古事記』が書かれたのは、ちょうどのちに『万葉集』に集められる歌がところどころで誕生していたころである。彼らはしばしば、「魂振《たまふ》り」という表現を用いた。彼らにとって魂とは、文字通りふれ得るものだった。特別なことではない。それが彼らの日常だったのである。「身振り」が、肉体の動きを示す言葉であるように、「魂振り」とは、魂の動きを指す。「振り」は振動、魂が律動として存在していることを暗示し、「ふる」とは、ふれることだけでなく、互いにふれ合うものであることを伝えている。

いにしえの歌人たちは、相手の魂にふれることを願って歌を詠んだ。歌の言葉、絶対言語に接近するコトバは、魂を目指して時空を往還する。さらにいえば、魂にふれえないのであれば、その言葉は未だ「歌」にはなっていない。魂にふれるためには、言葉はコトバとならなくてはならない。魂を持つもので、「歌」を詠まないものがあるだろうか、と『古今和歌集』の「序」はいう。

宣長は、『古事記』を、あたかも長い歌の響きを感じ取るように解読する。その過程を記した『古事記伝』の筆を走らせる宣長を、横目に見るように池田晶子は、こう綴っている。「この思想家〔宣長〕は、直接経験を反省解釈することを最初から拒絶し、逆に、経験が自身を自ら語り出す瞬間、その独自の言葉遣いにこそ耳をすます」（『新・考えるヒント』）。ここでの「経験」とは、「言葉に向き合う」経験にほかならない。言葉を読もうとするのではなく、言葉が自ら語り始めるのを待つことが宣長の仕事だった、と池田はいうのである。

「私が言葉を語っているのではなく、言葉が私を語っているのだと気がつく瞬間というのは、人間にとって、少なからぬ驚きである」（『新・考えるヒント』）と池田は書いている。彼女はいつも本気だったが、周囲はこの言葉を、どれほど真摯に受け止めただろう。

高次の現象の「口」たる存在、そうした人々を、私たちは伝統的に「巫者」あるいは「巫女」と呼んできた。宣長も、外目には医師であり、国学者に見えたが、彼の中に生きていたのは高次の意味の巫者だった。

巫者であるとは、自己の人生を意図のままに生きようとすることを、止めることである。「哲学の巫女」と、池田は自らを称した。降りてくる言葉のままに、前に何が立ちはだかっても、進む道を変えない、変えることは許されていない。巫者とは「魂の専門家」である、といったのは宗教学者ミルチャ・エリアーデだが、池田にもその自覚はあった。池田にとって「魂」とは、ときに「言葉」と同義だった。

「私」などどこにもないと言うことができるための「私」はどこに在るか。「私」などどこにもないのなら、今かくもまざまざと直知される無限宇宙こそ「私」である、と言っていけない理由もない。「私」は実体ではない、存在の一形式、もしくは言葉である。それは、「私とは何か」と問われて、これと答え得るような、どのような何ものでもない。それは、何ものでもなければ全てであるような、言語道断な何ものかである。

（『オン！』）

「『私』は言葉である」と池田はいう。また、「魂の〈私〉」といった彼女の言葉も先に見た。こうした一節にも、ひとたび書き手の言葉をそのまま信じなければ、どうしても見えてこないコトバが潜んでいる。池田は、現代哲学にまとわりつく「自己」という付着物から自由になることを、「哲学」と呼ぼうとしている。むしろ、それは「自己」を掘ることであるより、「自己」が何ものかに向かって開かれている存在であることを、確かめることだったのである。

人は誰も、生涯に何度か、天を轟かすような言葉を発する。これから出会う人、あるいは既知の人物からも、そうした「言葉」が、いつ発せられるかわからない。それを書く者もいれば、つぶやくように話す者もいる。

それを聞き、驚くだけでは不十分である。どんな運び方でもかまわない。受け止め、次の人に受け渡さなくてはならない。自らを救った、そのコトバの配達人になる。ここにおいて、人は誰も等しく、高貴なる使命を託されている。

あとがき

書くことで言葉は、血肉化するように思われるのだが、どんどん自分から離れていくようにも感じられる。この本に書かれていることはすべて、自分を通り過ぎていった、そんな感覚をどうしても拭い去ることができない。

編集者に原稿を渡したあと書き手は、印刷まで二回もしくは三回、確認用の校正刷りを読む。二回目までは文章とじっくり向き合うのだが、三回目になると、読むというよりも「眺める」という感じになってくる。奇妙に思われるかもしれないが、文章を「眺める」ようになったとき、書き手はそれまで自分が何を書いてきたのかをはじめて知るのである。何を書いたか、書き手はその全貌を知らずに作品を書き終える。悲しみと書く、だがその悲しみに息を吹き込むのは読み手である。読まれることによってのみ言葉は、「生けるコトバ」へと変貌する。

池田晶子にとって「書く」とは、コトバの通路になることだった。自らをコトバが通り過ぎる場と化す営みだった。自分が語るのではない。語るのはコトバであり、自分に託されているのはそれを聞き、書き記すことだけであると彼女は信じ、それを実践するために生きた。

書き手に書こうとする意志が強いとき、コトバはなかなか書き手に身をゆだねてはくれない。書く意志が薄らぐとき、コトバが姿を現わし始め、コトバが自ら語り始める。言語は、コトバの一様式に過ぎない。井筒俊彦は片仮名で「コトバ」と書くことで、万物に潜む意味を示そうとした。色にも音にも感触にさえ意味がある。「神のコトバ――より正確には、神であるコトバ」(『意識と本質』)と井筒は書いている。

コトバは、その姿を自在に変えて人間に寄り添う。読むとは言語に潜む無形の意味を呼び出すことである。読み手は文字を読みながらときに、色を見、音を聞き、永遠を感じたりもする。読むとは、コトバに照らされ、未知の自己と出会うことでもある。

本書を書きながら、池田晶子の言葉を読み、一度ならず、これまで遭遇したことのないような光景に佇む心地がした。また、彼女の「声」を何度か聴いた。池田晶子は今も「生きている」。私にとって池田晶子論を書くとは、ただその事実を証しすることだった。

批評が生まれるには、論じる対象からの助力を欠くことはできない。まず、池田晶子に感謝を捧げたい。そして、第一の読者であり、また、的確な批評者であった、編集を担当してくださった中嶋廣氏に深謝の意を表したい。

最後に、本文中に記した出来事を語ってくれた幾人かの隣人に、この場を借りて千の謝意を送りたい。不治の病を背負った男性、生きる意味を探す女性、娘を喪った母親、あの人たちは苦しみと悲しみの中にこそ光があることを教えてくれた。彼らの姿によって、今も私は生きている。生かされている。生きる姿こそ、もっとも高貴なコトバであることも、あの人たちが教えてくれたのである。

題名の「不滅の哲学」は、池田晶子の遺著『人生は愉快だ』に記された次の一節から取った。

「考える精神は、誰のものでもなく、不滅です。」

二〇一三年十月三日

若松英輔

増補

不滅の哲学

この文章を読む君の名前をぼくは知らない。でも君が、これを読んでいる姿をはっきりと見る思いがする。ぼくは君の顔を知らない。でも君が、ここに連なる文字を見るまなざしを感じられるような気がしている。君の年齢も性別も、どこで生まれたのかも知らない。それでも君とは大切な問題を語り合う時間を分かち合えることを疑わない。

今、ぼくたちは大きな危機のなかにいる。「ぼくたち」というのは、ぼくの周辺にいる人たちだけではない。文字通りの意味での人類が、今、いのちの危機に直面している。もう半年以上にわたって、新型コロナウィルスに起因する特効薬のない感染症が世界に広がり続けている。

人は誰も、思うようには生きられない。人生はいつも人間が立てた予定というレールを打ち壊しながら進んでいく。ぼくたちはずっと前から知っていたはずの生と死をめぐる、こうした現実と対峙することを強く求められている。

この未曽有の危機のなか、ぼくたちが不可避的に向き合わなくてはならなかったのは生の伴侶としての死であり、また、死の伴侶としての生だった。さらにいえば生と死のあわいにあってこの二者をつなぎとめている何ものかだった。人は生きつつありながら同時に死につつある。日を重ねるごとに生の記録を重ねながら同時に、着実に死へと近づいている。二十世紀ドイツを代表する哲学者マルティン・ハイデッガー(一八八九〜一九七六)が、その生のありようをめぐって、こう書いている。

我意の人にとっては、生はただ生である。彼らにとって死はただ死であって、それにとどまる。だが生の存在は同時に死である。生の中に踏み入るものはなんであれ、同時に既に死ぬことをも始めており、自己の死へとおもむくことを始めている。そして、死は同時に生である。

(『形而上学入門』川原栄峰訳)

「我意の人」とは、自分の認識を問い質《ただ》すことのない人、人生観は変化するという現実を見過ごしている人といってもよいかもしれない。あるいは、人は、その人が願ったようには生きられないという厳粛な事実に気が付いていない人といってもよいかもしれない。

生と死を分かつことはできず、死から逃れることはできない。そういわれると、ぼくたちは、いつか死によって、自分の生が破壊されるのではないかと思ってしまう。だがハイデッガーの認識は違う。なぜなら彼にとっての死は、「同時に生」でもあるからだ。彼にとって死は、未知なる新生にほかならない。

いつ、どう終わるのかも分からない感染症の脅威のただなかにあって、生と死をつなぐものとは何か、という深甚な問いに向き合わなくてはならないのに、世間にあふれているのは、まったく根拠の薄い期待めいた話ばかりだ。

特効薬が見つかったかもしれない。思ったよりも早い時期にワクチンの開発に成功するかもしれない。じつは、それほど恐れる必要がないなどということが、論拠なく、まことしやかに語られ続けている。

真実よりも、偽りの方が早く広がる、という言葉もあるが、本当だ。アメリカの独立において中核的な役割をになったベンジャミン・フランクリン(一七〇六〜一七九〇)

は、本当らしい嘘のありようをめぐって印象的な言葉を残している。

半ば真実らしいことは、しばしば大きな嘘である。
〔Half a truth is often a great lie.〕

（『貧しきリチャードの暦』筆者訳）

フランクリンの言葉は今もまったく古びていない。きっと君の時代も同じだろう。危機のときほど嘘がはびこるということをよく覚えておいてほしい。さらにいえば、人間は、どこかで嘘だと分かっていても、不安に耐え切れず、自分を安心させてくれる嘘という毒を自ら飲むことも少なくない。

多くの人にとっては、存在を根底から揺るがすような問題に直面することは、もっとも避けたい事柄の一つらしい。だが、賢者はまったく別な言葉を残している。

朝《あした》に道を聞かば、夕《ゆうべ》に死すとも可なり。

（『論語』）

朝、この世界の理を知ることができれば、その日の夕べにこの世の生が終わってもよいのである、と孔子はいう。『論語』でいう「道」、先にいった存在の根底を揺るがす問題、それこそ生と死の問題にほかならない。

現代人にとって多くの場合、死は、いつも誰か他人の死であって自分の死ではない。現代はむしろ、死を観念上の問題に留めるように努めてきた。だが、現実はそうした隠蔽を許さない。この危機のなか、多くの人は死をわがこととして感じたように思う。

もちろんぼくにも死の現実が容赦なく迫ってきた。自分の死だけでなく、自分の大切な人の死、あるいは弱い立場にいる人たちの死など、平穏な毎日を送っているときとは比べることができないほど死を身近に感じた。

同時に恐ろしいほどに感覚されたのは、孤立の恐怖だった。孤独とは異なる孤立である。死の恐怖とは、避けがたい孤立への恐れなのかもしれない。

危機が深まれば、誰も自分を助けてくれないのではないか。もしかしたら自分もまた、ニュースで報道されていた人と同じように、ある日、部屋の中で独り死を迎えるのではないか。そんな思いから離れられなくなっていた。

恐怖は人を小さくする。そして、恐怖は希望を見失わせる。閉じた眼に希望の光は見えない。

何日くらいそうした日々を過ごしただろう。大きな不安に呑み込まれていたあの日々、ぼくは近しい人たちにあまり連絡を取らなくなっていた。

仕事上のメールのやり取りはする。でも、そうしたところで、身もだえするほど苦しいという話をするわけにもいかない。何事もないかのように言葉をやりとりし、平静をつくろっていた。

苦しいのだから、苦しいといえばいい。だがそうしない。家族や知人、あるいは仕事上の仲間を信頼していなかったのではない。そこには「弱い」ところを見せるのが嫌な自分がいた。

いつも強い自分でいたいとは思わなかったとしても、動じない自分でいたいとは思っていた。今はまったくそんなことは思わない。それは自分を偽ることになることが分かっているからだ。

この危機で経験した、もっとも大きな恐怖は、未知なるウィルスの脅威よりも虚偽の自分を生きるという愚行の果てに待っている貧しい現実だった。誰かがそれを奪うのではない。君は信じないかもしれないが、人は、虚栄のために大切なものを自分で手放そうとさえする。

自分を偽っていると、途端にある現象が起こった。本を読むことも書くこともできなくなった。書き手から書物と言葉が奪われる。それは画家から色と線を奪うようなものだ。

当然ながら自分を見失う。

そんなとき、ふとベッドのなかでうずくまりながら、池田晶子ならこんなときどう考えるだろうと思い始めた。

偶然ではない。危機のとき、彼女ならどう考え、どう語るかと思いを巡らすのは、ぼくにとってほとんど思索の習慣だった。

二〇一一年の東日本大震災や二〇一九年の台風十九号のときもそうだった。こうしたとき何を考えることによって闇に光を見出そうとするのか、そうおもって考えを巡らす。

このとき、池田晶子を強く想ったのにはもう一つ理由がある。当時、十四歳、あるいは十五歳の中学生に連続で授業を行った記録をまとめて本にするという仕事を進めなくてはならなかった。

池田晶子も十四歳の若者に向けて書いている。『14歳からの哲学』『14歳の君へ』、振り返ってみれば、この二冊はともに彼女の代表作だった。十四歳という年齢は、哲学を始めるのにちょうどよい。むしろ、哲学をもっとも必要としている、というのが彼女の確信だった。

もちろん、ぼくは彼女の本を読み、その上で、先の授業を行った。彼女の確信を、自分もまた現場で試してみたいと思った。それがいっぷう変わった授業の動機だった。ここまで考えたとき、『14歳の君へ』にある、本当の自分をめぐって記された言葉がどこからともなく湧き上がってきた。

君が本当の君じゃないから、君にはいつまでも本当の友達ができないんだ。人に嫌われたくない、好かれたいというその思いが、君を本当の君でなくしているんだ。だって、人から好かれようが嫌われようが、人が君をどう思おうが、君は君でしかないじゃないか。本当の自分じゃない君に、どうして本当の友達ができるだろう。

（『14歳の君へ』）

「弱い」ところを見せたくないと思ったのは、嫌われたくない、というよりも軽蔑されたくなかったからだった。

勇気がないように思われるのが嫌なばかりか、どんなときも動じない自分でいたいと強く思っていた。でも、現実は甘くない。自分の「弱さ」の前で屈服しなくてはいけなくなる。

いっさいの「強がり」の虚しさを痛感し、地面に額をこすりつけるような経験を経て、もう一度、ゆっくり顔を上げる。

もう「弱い」自分を隠すことはできない。そう覚悟を決めたとき、ぼくが感じたのは、不思議なことに屈辱の感情ではなく、むしろ、自由だった。そして、本当の意味での「つながり」の発見だった。

その日から「強がる」のは止めた。すると、ある友の言葉が、それまでとはまったく違った場所に入ってきた。自分を偽っていたときは「あたま」で聞いていたが、「強がり」の壁を打ち壊してみると、言葉は「こころ」にそして、「たましい」にまで届くようにも感じられた。

池田晶子は、「心」とも「こころ」とも書くのだが、「たましい」の場合は「魂」と漢字で書く。

「たましい」と書いたのは、ユング心理学を日本に紹介した河合隼雄だった。どちらにせよ、それは人間を、その人たらしめている「はたらき」でありながら、五感の認識を超えて存在する何ものかだと考えてよいと思う。

君は「あたま」とも「こころ」とも違う「たましい」とは何かを考えたことがあるだろうか。「考える」という道程を経てそれにふれるのでなくても、それを感じようとしたことはあるだろうか。

「魂」は池田晶子の根本問題の一つだった。現代の哲学者としては異例といってよいほど直接的にまた、確かな手ごたえをもって「魂」に接近できる人物だった。概念としての「魂」ではなく、目に見えず、手にふれることのできない、しかし実在する何ものかとして、彼女は「魂」を語った。

若き日に書かれた作品から最晩年の文章まで、さまざまなかたちで彼女は「魂」とは何かを、言葉によって、というよりもその実感によって語り続けた。「結局、魂が何であるかなんてことは、言葉で言うことができるはずがなくて」(『人生のほんとう』)と書きながらも、「魂」をめぐって語ることを止めなかった。

そのことは別なところで以前にも書いたことがある。だが、今回、彼女の本を改めて読み直してみて、驚いたのは、彼女は「魂」を語りながら同時に「愛」をめぐっても幾度となく言葉をつむいでいることだった。
『事象そのものへ！』という実質的な最初の本――事実的な最初の本を彼女は自らの判断で絶版にしている――で彼女は、フロイトとユングの視座にふれつつ「誠実であることは、醒めていることを必ずしも意味しないが、こんなふうに醒めた眼をもった場合、ひとは例外なく誠実とならざるを得ない」と述べたあと、こう続けている。

「醒めている」とは、もろもろの自己愛が出でくる源としての「自分」というものが、絶対不動で越え難いものだとは少しも信じていないということである。としたらそのような「自分」は、「自分」以外のさまざまなこころのかたちをも受容できるだけの広がりと柔軟性とをもっているだろう。

「魂」とは彼女にとって個の人間を規定するものであるだけでなく、同時に「愛」の源泉でもあった。
ここで彼女が語る「愛」は、恋愛などに傾きがちな情熱愛《エロース》であるよりも、自他のあいだを超えようとする悲愛《アガペー》にほかならない。

二人の人間がいれば、そこに自他の区別が生まれる。それを避けることはできない。それはあたかも生と死が対立するのに似ている。だが、愛は「二」を「一」にするのではなく「不二」にする。自他を一つにするのではなく、自と他はそれぞれでありながら同時に、存在の深みにおいて分かちがたく結びつく。

愛は「自分」という存在が、「絶対不動で越え難いもの」であるという狭い場所からぼくたちを自由にしてくれる。「自分」のなかに、静かに他者を招き入れることができる場所を切り拓く、それが愛のちからだというんだ。

この一節に改めて出会い直したとき、危機のなか、ぼくがあれほど苦しかった理由が分かった。ぼくはあのとき完全に、自他の区別を超えていく愛のはたらきを見失っていた。人は誰も、自分のことばかりを考えるものだと思い込んでしまっていた。

愛のはたらきは、目に見えないことも珍しくない。だが、それを認識することで世界はまるで違ったように見えてくる。孤立にしか感じられなかった時間が「孤独」のときに生まれ変わる。『14歳からの哲学』で池田晶子は、愛を孤独との関係のなかで次のように書いている。

自分の孤独に耐えられるということは、自分で自分を認めることができる、自分を愛することができるということだからだ。孤独を愛することができるということは、自分を愛することができるということなんだ。そして、自分を愛することができない人に、どうして他人を愛することができるだろう。一見それは他人を愛しているように見えても、じつは自分を愛してくれる他人を求めているだけで、その人そのものを愛しているわけでは本当はない。

孤立は他者から疎外されていること、その存在を認められていないことを意味する。でも「孤独」は違う。

孤独のとき、人は大切な人と離れた場所にいる。しかし、そうした物理的現象を超えてつながっている。むしろ池田晶子は、そればかりか人が愛を実感するのは、誰かと一緒にいるときではなく、独りでいるときである。そして、その愛はまず自分自身を包み、そして他者の方へと開かれていくというんだ。

ここで「自分を愛する」と記されているのは、世にいう利己的な自己愛ではないことは君にも分かると思う。それは自分と自分を生かしてくれているすべての存在を共に愛することにほかならない。だからこそ、池田晶子は「自分を愛することができない人に、どうして他人を愛することができるだろう」というんだ。
自らを丸ごと受容すること、それが他者への愛の原点になる、と彼女は考えている。自分を愛するとは、そうした「つながりの自己」というべきものを受け容れることだといっていい。そこには自分が嫌いな人、自分を嫌っている人たちも含まれる。

君は意外《いがい》だろう。嫌いが嫌いで愛だなんて、変だと思うだろう。愛というのは好きというのと同じことだと思っていただろう。だけど、愛と好きとは違うんだ。愛は感情じゃない。愛は、好き嫌いを超えたもの、それがそこに存在することを認めるということだ。受け容《い》れるということだ。〔中略〕あの人は嫌いだけど、あの人が存在することは受け容れる。そうすれば、嫌いという感情を持ちながらも、愛することができる。その人の存在を拒《こば》まずに受け容れることができるんだ。

(『14歳の君へ』)

さっき少し唐突に河合隼雄の名前を出したのは、ここで池田晶子が語っていることと河合隼雄が提唱する「コスモロジー」の思想とが深く共鳴するからなんだ。

好き嫌い、あるいは正誤によって世界を判断していこうとする営みは、世に「イデオロギー（思想）」として現れる。「思想」はしばしば世界を分断する。

だが「コスモロジー」は違う道を行く。池田晶子の表現を借りれば、「好き嫌いを越え」、自分にとって相容れないものであれ、「存在することを認め」、「受け容れる」ところに始まる。河合隼雄もまた、自らが考える「コスモロジー」を全体性の受容と重ね合わせながら描き出している。

コスモロジーとは、この世に存在するものすべてを、自分もそこに入れこむことによって、ひとつの全体性をもったイメージへとつくりあげることである。世界を自分から切り離して対象化するのではなく、自分という存在との濃密な関係づけのなかで、全体性を把握しなくてはならないのである。

（『生と死の接点』）

愛は、互いにとって客観的な対象に過ぎない者同士を、実存的な他者に新生させる不思議なちからを持っている。

歴史を振り返ってみると、愛はしばしば火の象徴をもって語られてきた。それはあらゆるものを包み込み、新しい全体性を生み出しながら、それぞれのものにいのちを吹き込む。

愛には火のように冷たくなった心を温め、暗がりを照らし、人と人をつなぐはたらきがある。さらにいえば、人は己れのなかにまず愛の火を宿すことがなければ、それを誰かに手渡すこともできない。

中世キリスト教神秘主義の巨人、十字架の聖ヨハネ（一五四二〜一五九一）もしばしば、愛の象徴として炎を語った。『愛の生ける炎』でこの人物は「愛」と「傷」の関係をめぐって鮮烈な言葉を書き残している。

物質的な火によって生じた傷は、薬を用いなければ治癒しない。しかし、愛の焼《しょう》灼《しゃく》によって生じた傷はそうではない。傷つけたその同じ焼灼がこれを癒すのである。傷を増大させながら癒すのである。愛の焼灼が、愛の傷にふれる度ごとにこの傷を大きくする。そのようにして傷を大きくすればするほどいっそう癒し、いっそう健康にする。

（ペドロ・アルペ、井上郁二共訳〔助詞とルビを補った〕）

愛の炎はつねに治癒をもたらす。ここでいう「愛の傷」は損傷の跡を意味しない。それは、ある種の「傷」には違いないが、それが証するのは、生の重みと深みである。あえていうなら、愛の傷ほど貴《とうと》き傷はない、と十字架のヨハネはいう。

「『自分』以外のさまざまなこころのかたちをも受容」しようとする池田晶子が描き出す愛もまた、静かな炎を想起させる。火はすべてのものを包み込みながら周囲を照らす。愛の光に伴われるとき、人は、初めて己れの「弱さ」と対峙し、受け容れることができる。

自らの「弱さ」と向き合ってみると、それまで見えなかったものが観えてくる。「弱さ」は短所ではなく、人生上の未知なる道程を照らす明かりになる。

たとえ、ぼんやりとであったとしても、生と死のあわいを照らしたのは「弱さの光」とでも呼びたくなる何かだった。その光に照らし出されると、直面していた問いも姿を変じてくる。考えようとしている「生命」は、科学が対象とする細胞から成る身体的生命ではなく、それを包み込む、昔の人が「いのち」と呼んできたものではないのかと感じ始めた。

『14歳の君へ』で池田晶子は「これから始まる生命技術の時代、君は、生きているとはどういうことか、何のために生きているのか、いよいよわからなくなるだろう」と書いたあと、こう続けた。

そんな時、君は、この生命そのものは、決して自分のものじゃない、人間が作ったものじゃないということを思い出すといい。生命は、自然が、宇宙が、人間には絶対にわからない神秘《しんぴ》によって作ったものだ。いや、生命は宇宙そのものなんだとね。その不思議な一体感は、きっと君を安心させることだろう。

ここで彼女が「生命そのもの」と書いているのが、先に書いた「いのち」だ。人の手によって造られたものではない「いのち」、身体的生命をも司《つかさど》る「いのち」、そして解明し得ない神秘としての「いのち」、その全貌を人が認識することはできない。しかし、その存在を感じ、わずかであっても受け容れることができる。「いのち」を感じる。さらにいえば「いのち」によって支えられている今を深く味わう。そのときはじめて、私たちは深い安堵に包まれる、と池田晶子はいうんだ。

本当だった。若き日の池田晶子はこうした「生命そのもの」との邂逅を「不滅」という言葉を交えながらこう書いている。

いったん魂が手に入れた感覚は、それが目に見えないものであるだけ、決して私たちを欺かない。その偽りのなさの確信にのみ導かれて、魂は大脳が保持している記憶の索引を調べてまわる。「思い出した、あのときのことだ！」感覚は、それが本来担われていた体験を見つけ出す。目に見えない感覚は、目に見える体験の、絶対的なエッセンスとして、こころに刻印されているのだ。その絶対性の感覚は、それに引き続いて「不滅」の感覚をそこに呼び寄せ、個別の記憶のその彼方に、永遠的なものの存在を予感させる。

（『事象そのものへ！』）

感染症で苦しむのではないかという不安は今もある。だが、そのいっぽうで今は、何かとても強く、太い、しかし見えない糸によって、ここで彼女がいう「不滅」なもの、「永遠なもの」とつながっている感覚もある。

かつてよりも「いのち」をはっきり感じることができる。自分が生きているのではなく、「いのち」が自分を生きているという方があっているような、主格の逆転をわずかでも認識したように思う。

昨日までぼくは、こんな手紙のような文章を君に書くつもりはなかった。でも未経験な、そして予測不可能な事象だからこそ、見知らぬ君に書き残しておきたいと思った。もしかしたら、ぼくが経験したのとは、まったく別なかたちで君が、「いのち」の危機に直面したとき、ここに書いた経験が、小さな灯《ともしび》になればとも願ってもいる。

読んでくれてありがとう。ここにもし、何かよきものがあるとしたら、それを生み出したのは君だ。書かれた言葉は、読まれることによっていのちを帯びる。読まれることによって、書き手の手から静かに離れていく。

増補新版　あとがき

池田晶子は、二〇〇七年二月に四十六歳で亡くなっている。もう十三年が経過したことになる。もちろん、事実としては理解しているが、その一方で、未だにそれをうまく認識できていない自分もいる。不可視な存在となった彼女を感じることが、しばしばあるからかもしれない。

彼女とは、会ったことも見かけたこともない。姿を一目でも見たいと真剣に思えば機会はあったのだろうが、実現しなかった。見過ごしたと後悔することもあるが、それだからこそ、こうした小さな本が生まれたとも思う。

亡くなったという報道をインターネット上で知った日のことは、今でも鮮明に覚えている。公表されたのは、身内の人たちで葬儀も終え、翌月になってからだった。

当時私は、十六年ほどの空白期間を経て、ふたたび言葉をつむぎ始めていた。まとまったものを書いて、池田晶子に読んでもらいたい。ただ、その一念だけで書いたようにも思う。ある雑誌で新人賞をもらい、雑誌に掲載されたのは、彼女が亡くなった二カ月後のことだった。

それからずっと、返事のこない手紙を書くように彼女に向けて文章を書いている。書き始めたときは彼女を意識していなくても、ペンを擱《お》いてみれば、ほかならない彼女に向けた文章であることが分かる、そんなことも一度ならずあった。

誰に向けて書くかを決めることができれば、何を書くかは、おのずから決まる。亡くなったのを知った日から、私にとって書くとは、池田晶子を含む、幾人かの死者たちを読み手に据えた営みになっていった。

同時代の、あるいは後世の読者を意識しないのではない。しかし、こちらの虚栄心を見透かすような、彼方の世界にいる、不可視な読者を近くに感じることは、書くという営為に従事する私にはどうしても必要なことだった。死者を経て、生者たちに言葉を届ける、それがいつの間にか私の日常になった。

世の評価など当てにならないと知っていながらも、それに近づいていく。それが人間の愚かさなのかもしれない。愚かであってもよいのだろう。しかし、残された時間のなかで何を見出していくかを私たちは選ぶこともできる。池田晶子の言葉は、読み手を叡知の細い道へと導いていく。

彼女の哲学は多層的で、一義的に語ることを拒むところがある。あるときまで私にとって池田晶子は、稀有なる「魂」の語り手であり、言葉の神秘を生きた人物だった。彼女が「魂」と書けば意識の奥に広大な沃野が広がり、「言葉」と書くだけで、そこには言語の枠を打ち破ったコトバの地平が拓かれていくのを感じた。

だが、このたび、増補新版を刊行するにあたって新たに「不滅の哲学」を書き下ろしながら、静かに映じてきたのは、愛の哲学を語る一人の思索者の姿だった。そして今、この本を手放そうとする段になって、浮かび上がってくるのは、熱い言葉で幸福とは何かを語ろうとする池田晶子の姿である。

さて、そうやって考えてくると、幸福になるということは、決して遠い「人生の目標」ではなかったということに、君は気がついただろうか。幸福になるために、幸福な心になるために、遠い先まで待つ必要なんかない。だって、君の心は、今ここにあるからだ。人生はもう始まっているからだ。

（『14歳の君へ』）

生きる道は、いつでも選ぶことができる。そればかりか、道は大きく、確かに開かれている。道がないのではない。目を閉じているのはお前ではないのか、そんな声がどこからか聞こえてくる。

いつか、池田晶子との対話を深めながら、『幸福論』を書いてみたい、そう思い始めている。

この本の初版が刊行されたのは二〇一三年十一月だった。六年半の歳月が経った。当時の編集者は、池田晶子をよく知る中嶋廣さんだった。彼が担当でなければこの本が生まれることはなかった。

今回、増補新版を世に送り出すにあたって、読み直すなかで、編集とは見えない文字で「書く」ことでもあるという、これまでの認識をさらに強くした。この場を借りて、彼との出会いに、また、こうした言葉を結実できたことに改めて感謝を送りたい。

新しく生まれた本書を担当してくれた編集者は、亜紀書房の内藤寛さんである。彼とともに作った本はこれで十三冊になる。本は、言葉と紙とインクがあるだけでは生まれない。そこには、信頼で結ばれた仕事人たちの結束がなければならない。

文字を組み、装丁をし、本を世の中に送り出す。こうした一連の仕事の核となるのは編集者である。

校正・校閲は、牟田都子さんに担当してもらうことができた。牟田さんと共に仕事をした数は内藤さんよりも多いのかもしれない。校正・校閲は、誤りを正す仕事であるよりも、言葉の世界に調和を生み出す営みだといってよい。

装画は、西淑さんにお願いできた。西さんとは二冊目の仕事だが、私のなかで数では測ることのできない深い信頼がある。ある日、書店で詩人の長田弘さんの本を買った。長田さんは全詩集もすでに手元にあり、改めて買う必要もなかったのだが、西さんの装画があまりに素晴らしく、偶然に出会った民藝の器を購《あがな》うようにその本を手にした。今回の装画によって、この本もまた、新生することを疑わない。

装丁は、コトモモ社のたけなみゆうこさんにお願いできた。装丁家は、本のカバーをデザインする仕事だというのは精確ではない。むしろ、言葉とそこに携わった者たちの、可視、不可視なすべての仕事をまとめ上げ、そこに「すがた」を与える仕事なのである。

よい仲間たちとよい仕事をする。それはやはり人生のもっとも大きな喜びであり、光栄であると、改めて感じている。ここに名前をあげなかった人たちにも、改めて深謝を送りたい。

原版の版元である（株）トランスビューの皆さんにも、増補新版の刊行に際して多分のご理解をいただいた。この場を借りて、深く御礼を申し上げます。

二〇二〇年七月二十七日

若松　英輔

本書は、二〇一三年にトランスビューより刊行された『池田晶子　不滅の哲学』に、書き下ろしの「不滅の哲学」「増補新版　あとがき」を加えてまとめたものです。

若松英輔（わかまつ・えいすけ）

一九六八年新潟県生まれ。批評家、随筆家、東京工業大学リベラルアーツ研究教育院教授。慶應義塾大学文学部仏文科卒業。二〇〇七年「越知保夫とその時代 求道の文学」にて第十四回三田文学新人賞評論部門当選、二〇一六年『叡知の詩学 小林秀雄と井筒俊彦』（慶應義塾大学出版会）にて第二回西脇順三郎学術賞受賞、二〇一八年『詩集 見えない涙』（亜紀書房）にて第三十三回詩歌文学館賞詩部門受賞、『小林秀雄 美しい花』（文藝春秋）にて第十六回角川財団学芸賞、第十六回蓮如賞受賞。

著書に『イエス伝』（中央公論新社）、『魂にふれる 大震災と、生きている死者』（トランスビュー）、『生きる哲学』（文春新書）、『霊性の哲学』（角川選書）、『悲しみの秘義』（ナナロク社、文春文庫）、『内村鑑三 悲しみの使徒』（岩波新書）、『種まく人』『詩集 愛について』『常世の花 石牟礼道子』『本を読めなくなった人のための読書論』『弱さのちから』（以上、亜紀書房）、『学びのきほん 考える教室 大人のための哲学入門』『14歳の教室 どう読みどう生きるか』（以上、NHK出版）、『霧の彼方 須賀敦子』（集英社）など多数。

不滅の哲学 池田晶子

二〇二〇年九月四日 初版第一刷発行
二〇二三年六月二日 第三刷発行

著者 若松英輔

発行者 株式会社亜紀書房
郵便番号 一〇一-〇〇五一
東京都千代田区神田神保町一-三二
電話 〇三-五二八〇-〇二六一
振替 00100-9-144037
http://www.akishobo.com

装丁 たけなみゆうこ（コトモモ社）
装画 西淑
印刷・製本 株式会社トライ
http://www.try-sky.com

Printed in Japan

乱丁本・落丁本はお取り替えいたします。
本書を無断で複写・転載することは、著作権法上の例外を除き禁じられています。

若松英輔の本

本を読めなくなった人のための読書論 一二〇〇円＋税

生きていくうえで、かけがえのないこと 一三〇〇円＋税

言葉の贈り物 一五〇〇円＋税

言葉の羅針盤 一五〇〇円＋税

種まく人 一五〇〇円＋税

常世の花　石牟礼道子　一五〇〇円＋税

詩集　見えない涙　詩歌文学館賞受賞　一八〇〇円＋税

詩集　幸福論　一八〇〇円＋税

詩集　燃える水滴　一八〇〇円＋税

いのちの巡礼者――教皇フランシスコの祈り　一三〇〇円＋税

詩集　愛について　一八〇〇円＋税

若松英輔　話題の新刊

弱さのちから

弱さを肯定するところから、生まれるもの――

強くあるために勇気を振り絞ろうとする。

だが、そうやって強がろうとしても、勇気は湧いてこない。

勇気は自分の「弱さ」と向き合いつつ、大切な人のことを思ったとき、どこかから湧出してくる――。


弱さを克服し、強くなることが善とされてきたが、それは本当だろうか？

自分と他者の弱さを見つめ、受け入れることから、信頼やつながりを育む真の強さが生まれるのではないか？

現代に鋭い問いを投げかけ続ける批評家が、危機の時代を生き抜くための叡智を、やさしく語る。

１３００円＋税